奇跡の
英語保育園

キンダーキッズCEO
中山貴美子
Nakayama Kimiko

幻冬舎MC

KINDER KIDS
International School

JAM

奇跡の英語保育園

はじめに

日本のグローバル化は急激に加速しています。２０１７年には外国人労働者数、外国人観光客数ともに過去最高を記録。政府は今後も外国人の労働参加を促進し、２０２５年には外国人労働者の割合を１４４万人にまで伸ばすと発表しました。また、「観光先進国」への新たな国づくりに向け、２０２０年には訪日外国人旅行者を４０００万人、２０３０年には６０００万人へと、新たな受け入れ目標を掲げています。

日常生活でも英語を見聞きすることが格段に増え、英会話でのコミュニケーションが必要とされる時代に突入しています。

しかし、日本人の英語力はＴＯＥＦＬ®で１７０カ国中１４５位、スピーキングに限っては最下位という結果です（ETS TOEFL Score Data ２０１６）。そこで政府は日本人の英語力の底上げを図ろうと、これまで小学５・６年生が対象だった「外国語活動」を小学3年生から導入し、より早い年齢から英語教育を受けられるよう教育改革を始めています。

それでも、小学3年生からのスタートできちんと英語力が身に付くのかどうかは疑問が残ります。

まず、語学では耳が重要です。人間は5歳で聞き取れる音域（可聴域）が決まるといわれますが、フランスの耳鼻咽喉科医アルフレッド・A・トマティス博士の「トマティス理論」によると、日本語の音域が125～1500ヘルツであるのに対し、英語の音域は2000～1万2000ヘルツとなっています。音域にかなりの差があるため、母国語である日本語の音域に慣れてしまった子どもは英語を聞き取りにくくなります。聞き取りができなければ、当然、話すこともできません。

また、小学校での教育内容にも不安があります。いくら早くから教育を始めたとしても、教えるのは学級担任という学校がほとんどです。文部科学省が行った実態調査によると、91・9％の公立学校では、学級担任が英語教育も担当しています（「平成29年度英語教育実施状況調査」）。また、学級担任の多くは「英語教育」の素人であり、中学・高校の英語免許状の取得率はわずか5・4%にとどまります。学習の時間を増やしたところで、その質が確保されているとは言い難いのが現状です。

こうした状況を背景に、学校での教育とは別で英語に触れさせたいと考える保護者が増えています。矢野経済研究所の調査によると、幼児・子ども向けの語学サービス(外国語教室・プリスクール・英会話教室・eラーニング・英語講師派遣)の市場は年々拡大傾向にあり、2017年度には1882億円に膨らむ見通しです。

しかし、ここにも問題があります。eラーニングやその他の教材を使う家庭学習では、教える保護者にもそれなりの英語力が求められますし、週に数回、英会話スクールに通わせても、覚えた英語を日常的に使う機会がなければ身に付きません。結局のところ、英語力を身に付けるには自宅での復習や数年間の継続が必要となるため、保護者の負担が大きくなってしまいます。

このように、日本で暮らしながら子どもをバイリンガルに育てるのは容易ではありません。

私は、現在全国に21ある英語保育園「キンダーキッズ」の代表を務めています。「英語保育園」という言葉は聞き慣れないかもしれませんが、簡単に言うと「日本に住みながら英語力を身に付ける」ことができる保育園です。

日本の一般的な保育園と同様に、最長で朝の7時45分~夜の7時まで、0歳~6歳の子どもたちを預かり、日々のお世話をしています。外国人講師と遊んだり学んだりするなかで、子どもたちは英語漬けの時間を過ごすことができるのです。

18年前に開園した当時は、お世辞にも十分な英語教育を提供できていたとは言えませんでした。それでも子どもたちは、一日中外国人講師と接しているだけで、みるみる英語を吸収し、日本語よりも英語が口から出るようになっていったのです。

そこで私は、子どもたちの英語力をさらに向上させるため、「会話」だけでなく「読み」「書き」にも力を入れた独自のカリキュラムを作り上げました。

例えば、2歳になるとアルファベットを教えるのですが、その順番は「abcd……」ではなく、オックスフォードの辞書から使用頻度を割り出して、多く使われる順「artn……」から教えています。そうすると、すべてのアルファベットを覚える前にいくつかの単語が読めるようになります。

文章を読む楽しさを知った子どもたちは、次から次へと新しい単語を覚えていき、卒園時には世界各国から集めた450冊の英語の絵本をすべて読み終えることができるようになるのです。

さらに、子どもたちの英語力を引き上げるために「体験型学習」にもこだわりました。

4歳~6歳にかけては、毎月決められたテーマで英語を学んでいくのですが、例えば「植物」であれば、植物の名前だけでなく、特徴や生育環境についても教えます。そして最後は植物園に出かけ、実際に「見て」「触れて」「匂いを嗅いで」と五感を刺激しながら、より理解を深める学習をするのです。

興味や関心を持たせ、気づきを与えることで、子どもたちの英語力は飛躍的に高まります。そして卒園するころには英語圏に暮らす小学2年生レベルの英語力を身に付け、問題の解き方についてのちょっとしたテクニックを教えるだけで、多くの子どもたちが英検3級に合格しています。

それだけではありません。子どもたちが暮らすのはあくまで「日本」ですから、日本の文化を知らない、日本語が分からない子どもになってはいけないと、日本語教育にも力を注いでいます。

日本の保育園で定番となっている運動会や音楽会などの行事に加え、団体行動を通じて「助け合いの精神」を学べるようにしました。３歳児からは日本語も教え、卒園までに「ひらがな・カタカナ・漢字」での読み書きができるようにしたのです。

卒園後、ほとんどの子どもは日本の小学校に通いますが、日本語の基礎や日本式のマナーが身に付いているため、戸惑うことなく学校生活に馴染んでいます。

私は、教養ある国際人になるには、英語力だけでなく日本人としての礼儀やマナー、思いやりの心も必要だと考えており、日本教育の良いところもどんどん取り入れました。その結果、日本の保育園ともインターナショナルスクールとも違う、「日本式・英語保育園」という新しい学びの場を確立できたのです。全国にある英語保育園では、今日も３０００人を超える園児が楽しみながら、英語と日本語を学んでいます。

本書では、私が提唱する「幼児期における日本式・英語教育のあり方」をはじめ、「子どもたちが自分から英語に興味を持つ方法」「楽しみながら英語学習を続けられる方法」などを紹介しています。

本書の内容が、我が子を世界で活躍できる人材に育てたいと願う多くの保護者のヒントとなれば、著者としてこれに勝る喜びはありません。

目次

第2章

フォニックス、サイトワーズ、テーマ学習……世界各国から取り入れた勉強方法で卒園児の英語力はネイティブの小学2年生レベルになる

第3章

全身で学び取る体験型学習
英語の習得力は、子どもの興味をそそることで大きく変わる

第4章 マナーとしつけ、組体操、演奏会……日本式教育で英語がぐんぐん身に付くのはなぜか？

第5章

日本式の英語教育なら、礼儀正しく思いやりのある国際人が育つ

第1章

日本には子どもを バイリンガルに育てる環境がない

日本人の英語力は先進国のなかで最も低い

日本人の英語力は、先進国のなかで最も低いといわれています。前述したとおりTOEFL®を例に取ると、170カ国中145位。スピーキングに限っては最下位という結果です（ETS TOEFL Score Data 2016）。日本がアジアの島国というハンデを差し引いても、寂し過ぎる現実です。「中学・高校と6年間（あるいは小学生から）勉強をしても英語が話せないのはなぜ？」と多くの人が感じる疑問に、ほとんどの日本人が正しい答えを持っていません。

私は自分の子どもをバイリンガルに育てたいという一心で、日本人のためのインターナショナルスクール（幼保一体型バイリンガル保育園）を設立しましたが、開校から18年経った今、「なぜ日本人がバイリンガルになれないのか？」という疑問の答えがはっきりと分かりました。

日本には日常的に英語を耳にする場が圧倒的に少ない

第一に、日本では英語を身近に感じる環境が作られていないことが挙げられます。「幼児期から英語に親しむほうがいい」という常識は定着しつつあると感じますが、週に1度や2度の1時間程度のレッスンでは、語学は身に付きません。私たちが日本語を身に付けたときのことを考えると分かりやすいでしょう。

まだ言葉を知らない赤ちゃんのころ、私たちは周りから発せられる日本語を繰り返し耳にすることで、自然と言葉を身に付けてきました。「読み・書き」は別ですが、「聞く・話す」に関していえば、日常的に〝耳にする（＝触れる）〟ことで自然とネイティブになっていくのです。それは1日24時間、言葉漬けの毎日を送ったうえでの〝ネイティブ〟です。

両親のどちらか（あるいは両方）が英語圏の人間でもない限り、日本に住んでいて、日本語を覚えるように英語を覚えることは不可能といえます。

小学3年生からの英語教育では遅過ぎる

第二に、英語教育のスタートが遅過ぎるという現実があります。

現在、日本では幼児期から英語教室に通わせない限り、最初に英語の勉強をするのは小学3年生（9歳）です。文科省がようやく重い腰を上げ、2018年から小学生の英語カリキュラムを改良しましたが、いずれにしても英語を9歳から始めるのでは遅過ぎます。

人間の耳は、5歳でその音域が決まるといわれています。「絶対音感は5歳までに身に付かなければ生涯身に付かない」と言われる理由はそこにあります。耳が成長を続ける5歳までに「なに」を「どれだけ」の量、聞くかによって耳の機能の大半が決まるのです。音楽もそうですが、語学もこの時期までに慣れ親しまない限り、容易に身に付くとは考え難いのです。

「はじめに」でも述べましたが、「トマティス理論」から日本語と英語の周波数（ヘル

図１　各国語の周波数の違い

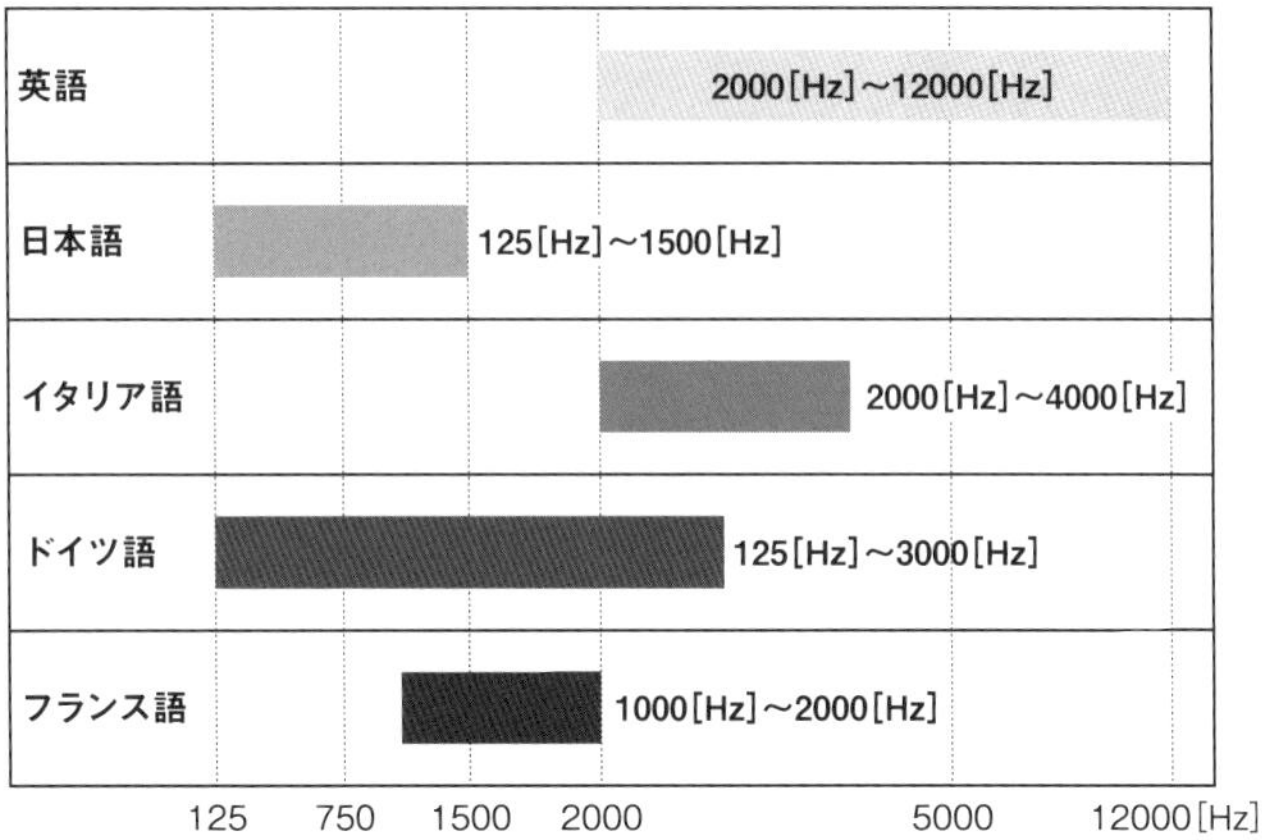

ツ）には大きな差があることが分かりました。

英語は、２０００〜１万２０００ヘルツと高い音で振動する言語であるのに対し、日本語は１２５〜１５００ヘルツと低い音で振動します。各国の言語を比較しても、最高音域に属するのが英語で最低音域に属するのが日本語なのです。つまり、日本語と英語を会得しようとすると、高音域から低音域まで、広い音域をフォローしなければいけないことになります。

もちろん、不可能な挑戦ではないのですが、耳の機能が出来上がる時期に日本語だけで生活をしていると、低音域に特化した耳になってしまいます。すでに出来上がった音域を広げるのは至難の業なのです。

こうした理由から、幼児期に英語と日本語両方で生活する場合と日本語だけで生活する場合では、英語力に大きな差が生まれてしまうのは言うまでもありません。

日本でバイリンガルを育てようと思った場合、現状の小学3年生スタートでは圧倒的に遅過ぎるのです。例えば、6歳から英語をスタートして「R」と「L」の音の区別をするのは非常に難しいと考えられます。6歳からでも遅い英語教育を9歳からスタートして満足している日本の教育現場の認識の甘さには、疑問を感じます。

日本の英語教育は「使える英語」を教えていない

第三に、日本の学校の英語教育には、つまらなさがあります。

例えば、最初に英語の教科書を開くと「ｂｅ動詞」の勉強で「This is a pen」という文章が出てきます。「これはペンです」など、日常生活で誰が使うでしょうか。「説明されずとも、見れば分かります」と突っ込みを入れたくなるのは私だけではないはずです。それほどまでに日本の英語教育は、ピントがズレているのです。

最近は日本を訪れる外国人も増えました。彼らが困っているとき「Can I help you?」（なにかお困りですか？）と聞ければとてもスマートですし、旅先で「How much is this?」（これはいくらですか？）と聞くことができれば買い物もスムーズです。もちろん、コミュニケーションを取るためには、もっと多くの語彙がなければいけませんが、いわゆる文法よりも日常会話に特化した実践的な英語を教えていれば、使える英語が身に付いているはずなのです。

日本人は比較的に「読み・書き」を得意とします。ビジネスシーンでは読み書きの能力も非常に大切になりますが、多くの人が身に付けたいのは、まず「聞く・話す」ことです。そのためのカリキュラムを充実させるほうが、学ぶ側の興味も膨らむでしょう。文法はあとからついてくるものです。

お稽古事レベルの英語教室ではバイリンガルには育たない

リクルートが運営しているケイコとマナブ．ｎｅｔによると「子どもの習い事ランキング」の１位は水泳、２位は英語・英会話、３位はピアノでした。また「子どもに習わせたい習い事ランキング」の１位は英語・英会話、２位は水泳、３位は書道でした（２０１７年度調べ）。

このデータを見ても「英語・英会話」に対する親の意識の高さが分かります。なぜ、子どもに英語を学ばせたいかの理由としては「将来、有利なため」「幼少期に触れさせておきたかったから」「早いうちに耳慣れしてほしいと以前から思っていたので」「学校の授業に備えるため」などが挙げられていました。

幼いころから英語を学ばせるべきという考え方が浸透していることは非常に頼もしく感じます。しかし、お稽古事レベルの英語教室では、決して子どもがバイリンガルに育つことはありません。

何度も繰り返すように、週に1〜2度、各1時間程度のレッスンでは、英語を身に付けることはできないのです。もちろん、まったく英語に触れないよりは耳に残る記憶も、「英語が好き」と感じることができる可能性もあるので無駄ではありませんが、自宅で日常的に英語を聞かせる、会話をさせるなどの心がけが必要になります。

私たちが、あるいはお子さんが日本語を覚えた過程を思い出してみてください。一般的に子どもは1歳を過ぎたころから言葉を話し始めます。これは世界中どこの国の子どもにも共通する事象です。余談ですが、子どもが初めて口にする言葉は、世界中のどの言語でも「p」「b」「m」の音で構成され、これらの音は上唇と下唇を一度閉じてから再び離して発せられることも分かってきています。

言葉に関しては多くの人が「普通に生活していたら、自然と話せるようになった」という感覚しか持っていないと思いますが、実は相当高度な機能が短期間に発達しているのです。

言葉を身に付けるうえで必要な条件は「正常な機能を備えた中枢神経」「適切な環境からの刺激」「臨界期」の3つ。「中枢神経」は健康な子どもであれば問題はなく、

「臨界期」は、言語的刺激を受けないままに成長した場合の言葉の習得が困難になる時期を指します。学術的には12～13歳が言語の臨界期とされています（白畑知彦『言語習得の臨界期について』日本第二言語習得学会編　２００４年より）。

この項で述べている「日常的に英語に触れる」ことは、「適切な環境からの刺激」に当てはまります。

子どもが言葉を習得していく過程には「話す人の視線や表情」「声のトーンやイントネーション」が大きく関わり合っています。日本語で考えた場合、初期の理解語50語のうち、およそ半分は「日常生活に結びついた単語」。例えば「まんま（ご飯）」「ねんね（寝る）」「ないない（片付け）」などです。生活に密着した言葉を多く聞けば聞くほど、語彙は増えていくというわけです。英語も同様で、日常的に英語に触れれば触れるほど、語彙は増えていきます。

であるならば、テレビやＣＤやラジオで英語を聞くだけでも効果的か、という疑問が湧いてきます。もちろん、それも英語に触れることですが、これらのアプローチは、ただ聞くだけの一方通行です。一方通行のアプローチはコミュニケーションに比べると脳への刺激が著しく少なくなってしまいます。

例えば流暢なＤＪの英語を聞くより、両親のたどたどしい英語による日常会話のほうが子どもの語彙を増やすのです。私たちはただ聞いているだけではなく、聞き、覚え、話す、つまりコミュニケーションをすることで語学を身に付けていきます。

子どもをバイリンガルに育てたいのなら、毎日少しでも長く、英語の環境に身を置かせる必要があるのです。

インターナショナルスクールは在日外国人のための学校

我が子をバイリンガルに育てたいと考えた場合、多くの人がまず最初に「インターナショナルスクール（インター）」を思い浮かべるのではないでしょうか。インターナショナルスクールであれば、前述した日本の英語教育の３つの問題点をクリアできる、そう考える保護者も多いと思います。

実際、私も我が子を保育園に入れようと考えた際、真っ先にインターナショナルスクールが頭に浮かびました。ところが、いくつかのインターを見学して分かったのは「日本のインターナショナルスクールは日本人のための学び舎ではない」という事実でした。

当時はグローバルな意識が今よりもずっと低かった時代ということもあったのでしょう。現在は英語を話せない日本人の子どもたちを受け入れるインターナショナルスクールも増えてきましたが、18年前はまだ日本人の子どもの就学は少数でした。そんななか、私があるインターナショナルスクールに見学・相談の電話を入れると、「うちは外国人の子どもしか入学できません」と話も聞かずに門前払いをされたのです。

これは今も昔も変わりませんが、日本のインターナショナルスクール（小学校以上）に入学させた場合、法律上日本の義務教育を受けていないという扱いになります。文科省は現在、それを容認する形を取っていますが、インターの学生には「日本の学校で義務教育を受けてください」と通達が入るそうです。そうした現状のなかで、インターを選んだ子どもたちは、外国の教育を受けることになります。

インターナショナルスクールの問題点

子どもをインターナショナルスクールに通わせる親の理由はさまざまです。〝英語を身に付けてバイリンガルに育てたい〟〝むしろ日本語は特に話せなくてもいいので英語だけはしっかり身に付けさせたい〟〝幼いころから国際的な感覚を養わせたい〟あるいは、日本の教育制度に疑問を抱いてインターナショナルスクールに入れるケースもあります。

子どもを早い時期から英語環境に身を置かせるためには、講師も外国人、生徒の多くも外国人という場所は申し分ないでしょう。

しかし私は、インターナショナルスクールで学んだ子どもが「無国籍な異邦人化」してしまうケースを何度か目にしてきました。具体的には、「日本語力が低くなる」「考え方が欧米的で日本の社会で浮いてしまう」「欧米社会では中途半端な日本人気質が出てしまう」「日本の社会でも欧米社会でも異邦人と感じてしまう」など、つまりはアイデンティティーの喪失です。

インターナショナルスクールでは、運営母体の教育スタイルを実施しています。例えば、アメリカ系のインターであればアメリカの、イギリス系のインターであればイギリスの教育がなされます。ですから、インターで育った子どもたちには家庭で入念に日本人としての教育を与えない限り、「日本人らしさ」はほとんど身に付きません。

将来、日本社会で生活をしたり、仕事をしたりする際に、大きな壁を感じながら生きていくことになるのです。なにより、自分の精神的なよりどころを見つけられずに迷うことになります。

日本語が話せない、日本文化が分からないでは、日本人の顔をした外国人ということになってしまうのです。

日本人のためのインターナショナルスクールがないなら作ってしまおう！

子どもをバイリンガルに育てたい！　という強い希望はあったものの、英語教育が充実した幼児向けの施設がなく、私は焦っていました。当時、私は2歳の女児と1歳の男児を育てる専業主婦。育児書を真面目に読み、自分なりに幼児教育に取り組んでいました。今振り返ると、ちょっとした〝教育ママ〟だったのかもしれません。近所の公園に出かけては、同世代のお母さんたちと話をするのですが、会話の内容は子どもと夫の話ばかりで「この生活は、なにかが違う」と感じていたのです……。

私は自分を持て余していました。そしてあるとき、ふいに気づいたのです。

「希望どおりの施設がないなら、自分で作ればいいのでは？」

さまざまな施設を見学するうちに、自分の理想のプリスクールの形が見え始めていました。プリスクールとは、主に英語で保育を行う施設のことを指します。結婚前に勤めていた大手英語教室での経験も思い出し、「日本人の子どものためのプリスクールを作ろう！」というアイデアにたどり着いたのです。そこからの私の辞書には「できない」「無理」「諦める」などといったネガティブな言葉は一切ありませんでした。

まずは地元の商工会議所が主催する起業家セミナーに参加、起業する方法のレクチャーを受けて、ここで「英語教育をする保育園を作ります！」と発表したのです。参加していた人たちには現実的ではない夢物語に聞こえていたかもしれませんが、私に迷いはありませんでした。

とはいえ、現実の壁は想像以上に高いことを思い知りました。20〜30坪程度の物件を探して不動産屋さんを回ったのですが、敷金と内装費用を考えたら、予算に合う場所がない。当時は結婚して間もなく、子どもも二人いて夫は英会話の講師。決して裕福ではなかったので、資金は40万円しかありませんでした。今思えば「まずは資金集めから」と思うのですが、自分のアイデアに前のめりになりすぎて、後先を考えていなかったのです。発想は良いのに資金がありません。実家の母に「私に投資しない？」と持ちかけてあっさり断られたりもしていました。

起業をするならまずは資金だ、と考えを改めたころに、母から電話が入りました。母の知人で、東大阪市で体操教室を始める人がいる。そのために大きな倉庫を借りたけれど、広過ぎるので、半分使ってほしいという内容でした。私に貸してくれる延床面積は150坪。家賃を聞けば破格の安さで、迷う理由はありません。物件も見ずに即決で体操教室と同時に私のプリスクールもオープンすることになりました。

そこからは無我夢中です。開業まではおよそ2カ月。講師を募集し、教室の内装を整え、保育園の開設申請をし、物品を揃えなければいけません。現在は無認可保育園の審査も厳しくなっていますが、当時は拍子抜けするくらい簡単に申請が通る時代でした。申請が通らなかったらどうしようという不安は早々に払拭されましたが、今度は生徒が来てくれるのかが不安になりました。

自分の子どもたちを寝かしつけてから、夫に手伝ってもらって2万部ほどのチラシを手作りし、「一人でもスクールに来てくれますように」と願いながら、スクール近くのマンションや住宅にポストインして回りました。キャッチフレーズは「日本人のためのインターナショナルスクール」。日本人のアイデンティティーを持って英語を使いこなせる子どもを育てようと考えたのです。この考えは現在もブレていません。手作りのチラシには「親も子どもも英語が喋れなくても大丈夫！　日本人のためのインターナショナルスクールです」と記しました。

想いが先行した船出でしたが、チラシを配った翌日には電話が殺到。1本の電話も鳴らなかったらどうしようと眠れぬ夜を過ごしただけに、鳴り続ける電話に心の底から驚いたことを今でも覚えています。

実は当初、生徒は10人程度集まれば御の字、できれば15人来てくれたらいいなぁと、今思えばずいぶんと弱気な考えでした。すでに雇い入れていた講師は2名の保育士と3名の外国人講師の5名。講師の給与とスクールの家賃を確保したうえで逆算した生徒数でした。足りない分は銀行に融資を頼むという甘い考えは、実際に銀行に相談に行ってすでに打ち砕かれていました。キャリアも実績も財産も貯金もない新米経営者に、融資をしてくれるほど銀行は甘くなかったのです。

ですから生徒募集のチラシのみならず、子どもたちの椅子や机、荷物置きボックスなどの備品もすべて手作りでした。子どもを寝かしつけたあとは夫に任せて、私は教室に行き、夜な夜な備品のペンキ塗りです。休みの日には家族総出で教室に行き、備品を作っていました。そのそばでまだ小さかった子ども二人は喜んで走り回っていたことを覚えています。

とにかく時間と資金との闘いでした。40万円の資金は家賃に消え、あとはすべてクレジットカードで決済。お祝いの品をくださると申し出てくれた方には「お花はいらないから」と具体的な品物名を言ってプレゼントしてもらったりもしました。

ハラハラ、バタバタのスタートでしたが、生徒はあっという間に定員を超え、最初の保育園が開校した2カ月後には、2校目をオープンしていました。早すぎる展開ですが、「チャンスの神様は前髪だけ、成功するかしないかは、行動したか、しないかだけ」という言葉を思い出し、挑戦を続けました。

想像以上に短時間で開校となった2校目（八尾校）の保育士や外国人講師は急いで募集をし、事務系の仕事は私の兄弟やその配偶者にサポートしてもらいました。そのころには生徒は100人を超えていました。

お恥ずかしい話ですが、そのときに初めて、「これは大変な仕事を始めてしまった。

すごい責任を背負った」と実感しました。もちろん、最初から大切な子どもを預かり、彼らがバイリンガルになるための最初の一歩を踏み出すお手伝いをする、という責任は感じていたのですが、自分でも驚くほどに短期間で生徒数が増え、保育園も増やしたなかで、改めて実感した「責任の重さ」に私は武者震いしていました。

当時はスクールを大きく宣伝することもなく、保護者間の口コミで入園希望者からどんどん問い合わせが入る状況でした。その状況に、私は「大阪で一番の英語保育園を作ろう」と背筋を伸ばしていました。

そして2校目オープンから半年後、大阪市の中心部・北区で3校目を開校しました。わずか1年の間で3校を開校したのはこのときだけです。

その際に情報番組の取材を受けたことが大きなステップボードになりました。放送当日からスクールの電話は鳴りやまず、講師は対応に追われ、瞬く間に入校待ちの子どもが100人を超えました。それに伴い、兵庫県の芦屋市や西宮市、大阪府の豊中市で次々と開校したのが開業2年目。改めて記すとなんとも慌ただしく、目まぐるしい2年間でしたが、そのなかでオリジナルのカリキュラムを充実させ、多くの生徒を受け入れる体制が整っていきました。

あれから18年。現在、西は福岡から東は東京まで、国内に21校と海外にはカナダ校、ハワイ校があります。卒園生も3000人以上になり、講師は600人を超えました。卒園後も英語を勉強したいという子どもたちのために、高校生までをサポートする〝グラッドクラブ〟も開設しています。

20年近い歴史のなかでブラッシュアップを続けながら、幼かった私の子どもたちも、今では日本語と英語を自由に使いこなせるバイリンガルに成長しました。

「子どもを通わせたいと思えるインターナショナルスクールがないのなら、作ればいい！」という思いつきから始まったプリスクールが、こんなに大きな成果を生むとは18年前の私は想像もしていませんでした。

成功の秘訣は「0歳児から学べるステージ」「年齢別オリジナルカリキュラム」「日常生活のなかで英語力を身に付ける環境」を作ったことです。

非常に個人的な動機と直感からスタートしたインターナショナルスクールですが、現在は、確かな成果を生む学び舎へ成長したと自負しています。

第2章

フォニックス、サイトワーズ、テーマ学習……
世界各国から取り入れた勉強方法で
卒園児の英語力はネイティブの
小学2年生レベルになる

〝子どもだから〟という気遣いは不要

幼児向けの英語教育で最も大切なことは、子どもをある一定の時間、英語の生活環境に置くことです。

私の英語保育園では、園内でのコミュニケーションはすべて英語、日本人の保育士も英語が話せますから、授業や園内での会話は、すべて英語で展開します。これこそが私のイメージした「日常生活が英語漬け」のスタイルです。

そんななか、私が外国人講師に繰り返し言うのは「子どもだからと容赦しなくていい！」ということです。私たちが日本語でなにかを教えるとき「この言葉はまだ子どもには分からないから、分かりやすい言葉に置き換えよう」と考えたりしますが、外国人講師はそうした気遣いはせず、普段どおりに話してほしいと伝えています。

会話の早さも同様です。特に早口でない限り、いつもどおりのスピードで話をしてもらっています。それが英語圏のノーマルだからです。

子どもであれ、大人であれ、語学を学ぶときに教える側が手加減をしては意味がありません。特に耳が成長段階である子どもは聞いたままを覚えていくので、ネイティブの大人が使う言葉にも、スピードにも対応できます。

一度身に付いた英語力は一生もの

こうして1日5～6時間、週5日間、英語漬けの生活を送る子どもたちは徐々に英語慣れした耳が出来上がっていきます。半月も経たないうちに英語が口からついて出るようになり、1カ月を過ぎると、自宅でも「ママ、パークに行こう！」というように、英語と日本語の同時使いで話すようになります。

まだ幼い日本人の子どもが英語を話す様子を見ると、「この子は天才だ！」と思う家族もいるようです。そうした両親の感想を聞くたびに微笑ましく感じながらも「落ち着いてください。お子さんは天才かもしれない。でも、周りのお子さんもみんなそうなんですよ。毎日長時間、英語漬けの日々を送っていれば、必ず英語を聞き、話すことができるようになります」と伝えています。

日常的に英語を聞くだけで自然と身に付く――語学習得とは非常にシンプルなものです。

また、よくされる質問の一つに「幼児期にせっかく英語を覚えても、小学生以降に英語から離れた生活をすれば、英語を忘れてしまうのではないか？」というものがあります。それについて、私の答えは「ノー」です。

英語保育園を卒園後、いわゆる普通の日本の小学生になった子どもたちでも、幼児期に何百、何千という膨大な時間を過ごし身に付けた英語の記憶は、脳にはっきりと残ります。もちろん、英語漬けの毎日から離れると、一時的に会話力は下がってしまいますが、再び英語に触れる機会が訪れると必ず思い出します。

脳科学研究者の柿木隆介教授によると、記憶の引き出しは脳の「海馬」という部分で処理されており、つつけば刺激によって、記憶が目覚め蘇るのだそうです。

こういった理由からも、ある一定期間、英語漬けの生活を送る経験は、バイリンガルを育てるためには非常に有益です。幼稚園や保育園は義務教育ではないため、長時間、英語に親しむ選択ができる時期でもあります。

留学でもしない限り、これほど英語学習に集中できる時間を、その後の人生で得ることは難しいでしょう。ましてや、語学にとって最も大切な「耳」が出来上がる時期です。英語漬けになるタイミングとして、これ以上の時期はありません。

英語と日本語、ともに教えてどっちつかずにならないのか？

「日本語もおぼつかない幼児期に英語を学んで、日本語も英語も中途半端な子どもになってしまいませんか？」と保護者からよく質問されます。

同じ言語でも、日本語と英語は脳のなかで処理される部分が異なります。言葉を聞いて理解する部分が違うのです。これは他の言葉でも同じ。スペイン語でも、フランス語でも、中国語でも、複数の語学を身に付けようと考えたとき、脳は異なる場所を使って情報を処理します。ですから理論的には、言語がぐしゃぐしゃに、どっちつかずになってしまうことはないのです。

ただし、幼児期は持っている語彙が少ないため、混在してしまう傾向があります。「このミュージック楽しい！」「次のトラベルはどこに行くの？」など、英語を学び始めた3～4歳までの子どもたちは、日本語と英語を交ぜて話すことが多くなります。これは単純に語彙数の問題です。ミュージックやトラベルを英語で分かっていても、日本語でなんというかが分からない場合にこうした言い方になることが多いようです。

この1点に注視して、「母国語を理解してから外国語を学ぶべきだ」と言う学者がいますが、そうだとしたら多国語を使いこなす欧州の子どもは皆、言語がぐちゃぐちゃで混乱しているでしょうか？　そんなことはありません。

幼児期に複数の言語を学んでも、決して言語が無秩序に混ざり合うことはありません。ただし、いくつかの言語を同時に学んでいる子どもたちは、それぞれの言語習得が苦手だということは事実です。バイリンガルの子どもたちは、日本語のみで授業をする通常の幼稚園の子どもに比べると日本語力が劣り、英語だけを学んでいる子どもに比べると英語力が劣ってしまいます。

しかし、そこを我慢して二つ以上の言語を使い続けていると、中学生くらいで逆転するといわれています。幼いときから、日本語と英語それぞれの捉え方ができる子どもたちは「日本語ではこう言うけれど、英語ではどう言うんだろう？」「英語のこの表現は日本語に置き換えるとなにになる？」と疑問を持ち、自ら聞いたり調べたりします。結果、語彙力が広がるのです。

いくつかの論文には「多言語を学んでいる子どもは母国語力も高い」とも記されています。間違いなく、英語ができる子どもは日本語も、日本語ができる子どもは英語もできるのです。

ただし、インターナショナルスクールに入って、どちらかの言語を諦めてしまうと、この方程式は成り立たなくなります。いずれの言語も学び続けることで、中学生になるころに逆転する、と認識してください。

また、2カ国語ができる人は、3カ国語目を覚えるのも早いといわれますが、これは正しいようです。理由は、言語の音域が脳にインプットされているから。特に5歳くらいまでに、二つ以上の言語を学び始めている場合に言えることです。とりわけ、前述したとおり、日本語と英語の音域をカバーできる耳を持っていれば、その中間に入ってくるフランス語もドイツ語も中国語も覚えやすいということが言えます。

その他、各種論文によると、バイリンガルの子どもたちは「学力が高い傾向にある」「IQが高い傾向にある」と発表されています。その理由はいまだ明らかになっていませんが、二つ以上の言語を使いこなす際、脳の複数の箇所が働くことに関係があるのかもしれません。単純に考えて、一つの言語を話している子どもより、脳の多くの部分が長時間働いていることになるからです。

40カ国を超える外国人講師から学ぶバラエティ豊かな英語

英語は国際的な共通語。ゆえに英語を母国語としない国ではネイティブ並みの語学力を備えた人が、講師として英語を教えるケースもあります。私の英語保育園を例に取れば、現在、外国人講師は約３００名。国籍は40カ国以上にわたります。

ネイティブではない講師の英語は若干母国のなまりが入ることもありますが、ネイティブでも出身国によって英語の発音が異なります。担任が毎年変わるので、耳のいい子どもたちは「去年はアメリカ人の先生だったけれど、今年はイギリス人だ。隣のクラスの先生はオーストラリア人だ、カナダ人だ」と気づきます。

子どもたちがそれぞれの発音の違いに気づくのは素晴らしいことです。これに、ネイティブではない先生も加わって、子どもたちが学ぶ英語は色とりどり。世界中のさまざまな国の先生と触れ合うことで、英語のみならず世界各国の文化を学ぶこともできるのです。

以前、保護者にグローバル感覚がさほどなかったころは「キンダーキッズで学べるのはイギリス英語ですか？　アメリカ英語ですか？」と聞かれることがありました。私はそのたびに「お母さん、子どものオシメのことをなんと言いますか？　私はオムツと言っています。でも、オシメでもオムツでも紙パンツでも同じものを想像しますよね？　言葉にもそういうところがあるんです。むしろ、さまざまな英語を耳に慣らすのはとても良いことですよ」と伝えていました。

こんなこともありました。ある保護者が「担任は英語圏の白人の先生がいい。黒人やアジア人は困ります」と言うのです。私は「なんということ！　私たちは日本人でアジア人なのに、それをリスペクトするならまだしも、肌の色や国籍で講師を差別するような人は、私が目指すグローバルとは違う。インターナショナルスクールで子どもを学ばせる資格はない！」と大いに憤慨しました。

もちろん、それは心のなかで思っただけで口には出さず、その親御さんの子どもに罪はないと考えて入学していただきましたが、そうした偏見に満ちた価値観は、即刻変えていただかなければいけません。偏見に満ちた親に育てられた子どもの多くは、その価値観を受け継いでしまいます。それでは国際人として通用しません。

私たちが教えているのは、英語だけでなく、グローバルな価値観であり、国境を越えてさまざまな人々を認め合うことのできるダイバーシティなのです。

生後6カ月〜2歳まではとにかく英語の「音」に慣れさせる

人間の耳の機能が5歳で出来上がることは前述したとおりですが、なかでも2歳までの子どもたちは、とにかく「耳」がいい。聞けば聞くほど、さまざまな音を自分のものにしていきます。

まだ日本語も身に付いていない時期ですが、日本語同様に英語の世界を経験することで、英語を理解できる耳が出来上がります。この時期は勉強をするというよりも、遊びながら学ぶことが基本です。遊びの楽しさのなかで自然と言葉が認知されていきます。0歳児でも、英語のみで遊ぶ時間を持ちます。

語彙もなく、言葉も理解できない時期だからこそ、耳に英語を馴染ませます。まだママやパパにそばにいてほしい時期ですから、私の英語保育園では、保護者とともに「英語の絵本の読み聞かせ」「ダンス」「簡単な工作」などを行っています。

そしてネイティブの外国人講師は、子どもたちに向かって徹底的に話をします。もちろん返事はありませんが、音として言葉を聞かせ続けるのです。そうした時間を過ごすことで、赤ちゃんでも言葉に反応するようになっていきます。そのタイミングで、「曜日」「天気」「季節」など、子どもたちが身近に感じられる題材をレッスンに加えていきます。

何事もタイミングが大事です。子どもたちが英語に耳慣れてきたな、と感じるときに、最も身近でこれからの人生のベースになるような言葉を積極的に話に盛り込むことが実践的な英語習得のコツなのです。

同時に、外遊びもレッスンに組み込み、子どもたちの発達に必要な「体全体の大きな筋肉を使った運動（Gross Motor Skills）」や「細かな指先の動き（Fine Motor Skills）」などの技能を育成するレッスンも始まります。

これは日本の保育園でも導入している施設が多いと思いますが、子どもたちは体を使うことでより多くの学びを得ます。例えば、ただ単語を聞いているより、歌いながらのほうが早く言葉が体に入ります。プラス踊りを加えればもっと言葉が身近になるのです。

日本の保育園や幼稚園でよくやっている歌いながらの指遊びなどは、子どもの脳の刺激に有効です。こうした日本の幼児教育の良い点は積極的に採用して、子どもたちが英語に馴染むよう仕向けていきます。

「まだオムツも取れていないのに、こんなことができるの？」と疑問に感じるかもしれませんが、子どもたちの能力は大人がイメージする以上です。彼らは例外なく、大人のイメージを軽々と飛び越えていきます。

その調子で日々を過ごしていくと、2歳になるころには、英語の耳がかなり形成されています。日常会話は英語を使う子どもが増えますが、日本語が出たときは、さりげなく英語に直して教えます。2～3歳は自己主張が激しくなる年齢ですから、表現したい気持ちが強くなるこの時期に、決して日本語を否定する指導はせず、英語での表現方法を教えることで、英語習得のスピードがアップします。

3歳から始める英語の「読み・書き」

3歳からは本格的な英語教育がスタートします。

日々の外国人講師との触れ合いから英語のシャワーを浴びることで「聞く・話す」の部分は自然と身に付いていきますが、「読み・書き」はそうはいきません。これは全語学に共通している事実です。日本語も聞き、話すことは自然と身に付きますが、「読み・書き」は学ばないと身に付きません。

「読み・書き」をしっかりと身に付けるためには、ある程度の学習が必要です。多くの学びがそうであるように、スタートが早ければ早いほど能力は高くなります。英語学習も例外ではありません。

スタート時の3歳では、英語の読み書きの基礎となる「フォニックス」を学び始めると同時に、動詞を使った読み書きゲームにもチャレンジしていきます。さらに「英語を読む力」を育むために、「サイトワーズ」が本格的に導入され、英語を読む楽しみや自信を与えます。また、アルファベットの書き方を練習し始めるのもこの時期です。

あとに詳しく説明しますが、「フォニックス」とは英語圏の子どもたちが読み書きを覚える際に使われるメソッドで、10年ほど前から日本でも英会話スクールなどで導入され始めました。日本の子どもたちが50音を学ぶように、英語圏の子どもたちはフォニックスを学びます。フォニックスを深く学ぶと、初めて見る単語でも読むことができ、また単語を聞いただけでスペルが分かるようになります。

また「サイトワーズ」とは、使用頻度の高い単語のこと。これらの単語を画像のように暗記すると、ひと目見るだけで文章がスラスラ読めるようになります。

こうした学習を繰り返すことで、子どもたちは3歳で文章にある簡単な単語を読み、3文字程度の単語であれば独力でスペリングができるようになります。

また「英語の会話」については、1日のことを話し合ったり、物語について話したりと、フルセンテンスでの会話力を身に付け始め、友達同士で英語でコミュニケーションを取れるようになります。

4歳になると、これまで学んだことをより深く学習します。授業で扱われる単語はどんどん増えて、子どもたちの会話能力は目まぐるしく成長します。語彙が増え、考えや意見を自由に交換できるまでに成長し、「読み・書き」の発達が顕著に現れ始める時期でもあります。

まだ、たどたどしさはありますが、読むことができるようになるこの時期にたくさんの本を与えることが大事です。多くは絵本ですが、それでも1冊読破できる達成感は子どもたちをグンと成長させます。「もっと本を読みたい」というチャレンジ精神は「もっと語彙を増やしたい」という意欲につながるのです。同時に、このタイミングで学んだ単語を書かせていきます。複雑なスペリングの単語であっても、学びたいという意欲があるのでどんどん吸収するのです。

また、集団生活に慣れることで社会性や協調性が培われていきます。3歳児と4歳児の違いは英語力にも現れますが、人として大切なコミュニケーションの基本を身に付け始めたという点で、ずいぶんと成長します。特に4歳児は、自分の能力や才能に自信をつけていく実りのある1年です。

そして、集大成になる5歳児では、過去2年間の基礎学習から、さらに複雑なサイトワーズやスペリング、文章構成などを身に付け、「知りたい情報を自ら探求できる読解力」「自分の意見を表現できる文章力」を高めていく1年です。

外国人講師たちともごく普通にコミュニケーションが取れるようになり、英語を母国語にする子どもたちにも引けを取らない総合的な英語力が身に付きます。また、最年長になったことで、園内でのリーダーシップを意識し始め、さまざまな行事にも積極的に参加できるようになる子どもが多いのも特長です。

このように、英語を身に付けるには、年齢ごとの成長度合いを考えて学習プランを提案する必要があります。耳の成長期に当たる0～2歳の時期には、リスニングとスピーキングをメインに。その後、3歳からは幅広い教養を身に付けつつ、「聞く」「話す」「読む」「書く」の各種能力をブラッシュアップしていきます。それぞれの年齢の特性に沿った学びを与えることで、子どもたちの能力は何倍にも広がります。

大切なのは、目の前にあることをこなすのではなく、小学校入学までを一つの成長の目標と捉えて、ゴールにたどり着くために、〝どの時期になにをするか〟を徹底することです。

子どもたちの年齢に合わせた英語習得のアプローチがバイリンガルを育てるのです。

世界各国から取り入れた勉強方法

創業当時のカリキュラムは、24歳の若いオーストラリア人女性が中心となって共同制作しました。

当初は子どもたちが3カ月かけてレッスンをこなす想定でカリキュラムを作り、その3カ月の間に次のステップのカリキュラムを制作しようと考えていました。ところが子どもたちは、たった1カ月でそのメニューをクリアしてしまったのです。子どもたちの吸収力に目を見張ると同時に、より魅力的なカリキュラムを作らねば、と思いを新たにしたことを覚えています。

そこから、さまざまな試行錯誤を繰り返して現在があるのですが、基本は、40カ国にわたる各国出身の外国人講師たちが学んできた、世界中の英語教育や一般教育の良い部分を、国の垣根を越えて取り入れてきました。

前述した読み書きの基本である「フォニックス」はイギリスの学習法を基本に、同じく「サイトワーズ」はニュージーランドの学習法を多く取り入れています。

会話については、アメリカを参考にしました。アメリカ人の英語はスピードが速く、比喩も多く表現が豊かです。将来、ビジネスシーンでもアメリカ英語がメインとなることを想定して、中心に教えています。

ただし、リスニング、スピーキングに関しては、せっかく40カ国の講師がいるので、さまざまな英語を体験するという理念のもと、躍起になってアメリカ英語を追求しているわけではありません。

英語教育以外の部分は、答えだけを重視するのではなく、その過程を学ばせる欧米のスタイルを意識しています。ただし、算数は日本とシンガポールが基本。日本人の数学能力が高いことは世界でも有名ですが、数年前からシンガポールの数学が注目されるようになりました。早速、シンガポールに講師を派遣してシンガポールメソッドを習得させ、現在は、日本とシンガポールの長所を組み合わせた算数のメソッドを提案しています。

英語の「読み・書き・会話」はもちろん、基礎算数、地理、社会科学などをカリキュラムに加えることで、物事の仕組みや成り立ちを知り、世界の見方や視野を広げることができます。テキストは、日々の保育現場で気づいたことを反映してブラッシュアップを重ねています。そうした意味で、テキスト制作に終わりはないと感じています。

フォニックスの法則を知れば、英単語はスラスラ読めるようになる

「フォニックス」は、アルファベットと音の関係の規則性から、子どもが学びやすいように開発された音声学です。まず、26文字のアルファベットの単独音を学ぶことから始まります。

いわゆる「A（エー）」「B（ビー）」「C（シー）」「D（ディー）」「E（イー）」ではなく、「アェ」「ブ」「ク」「ドゥ」「エッ」と読ませます。単語を読むときにはフォニックスを組み合わせて読むため、これらが身に付けば、複数の単語を読むことができるようになり、また、知らない単語でも発音ができるようになります。

そのすべてを覚えるのはハードルが高いように感じますが、ひらがな50音のおよそ半分と思えば、さほど難しいことではありません。子どもたちはアルファベットよりもフォニックスのリズムのほうが楽しいようで、私たちが想像するより容易に読みと発音を身に付けていきます。

ここで注目したいのは、アルファベットで教育を受けた子どもよりもフォニックスで学んだ子どもたちのほうが、発音が優れていることです。

私はこのフォニックスを知ったとき、「どうして私たちが中学生のときにフォニックスを教えてくれなかったのか！」と、発音についてはもちろん、リーディング能力が劇的に違ったのではないかと悔しい思いをしたことを覚えています。

私の英語保育園では、その26音をさらによく使うもの、あまり使わないものに分けて、使用頻度の高いものから順に教えています。例えば「S」はアルファベットでは後ろのほうに位置しますが、使用頻度でいえばかなり前になります。使用頻度順に教えると、単語が早く読めるようになって、子どもたちの学習意欲も高まります。

フォニックスキャラクターで形容詞と名詞を同時に身に付ける

さらに、フォニックスを身近に感じてもらうために、(フォニックスに沿った)ユニークな26のキャラクターを考えました。

例えば「A」は「Angry Apple」(怒っているリンゴ)、「B」は「Busy Bee」(忙しいみつばち)、「C」は「Cool Caterpillar」(かっこいい毛虫)、「D」は「Dancing Dinosaur」(ダンスをする恐竜)という具合に「Z」の「Zippy Zebra」(陽気なシマウマ)までキャラクターは続きます。

単純に名詞だけでなく、形容詞も付け加えたことで、それぞれの個性を浮かび上が

図2　形容詞と名詞を同時に学べるキャラクター

Angry Apple

他にも「a」が頭にくる「ant（あり）」「ambulance（救急車）」「alligator（ワニ）」などが描かれており、同時に複数の単語を取得することができる

図3　フォニックスキャラクター（一部）

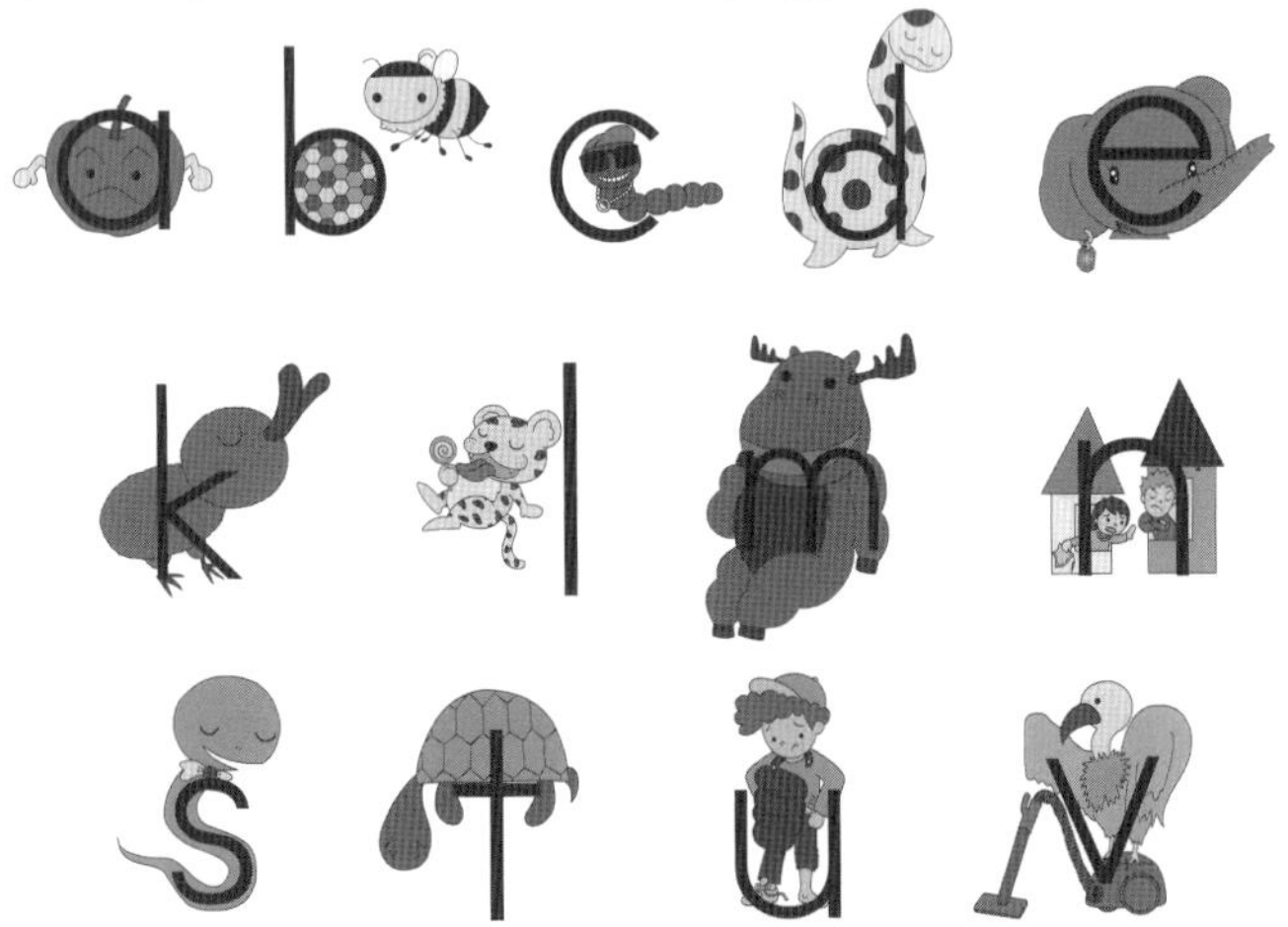

らせることができるのはもちろん、一つのキャラクターを覚えると「形容詞」と「名詞」の二つを同時に覚えられることになります（図2）。

子どもたちの吸収力は素晴らしい。〝せっかくなら、一つのキャラクターで二つの単語を覚えてほしい〟という欲張りな取り組みでしたが、こちらの期待どおり、子どもたちは次々とキャラクターを覚えていきます。

そこには、子どもたちがキャラクターを鮮明に覚えられるように、形容詞に沿った形で性格を決める工夫がありました。カラフルなイラストとそれぞれの性

図4　フォニックスを学ぶ様子

格で、子どもたちはキャラクターに親しみを覚え、その名前を覚えることで、自然とフォニックスを身に付けていくのです。

とはいえ、これらのフォニックスのキャラクターを作り出す際には、産みの苦しみがありました。言ってみれば、どれもこじつけ名ですが、音感が良く、絵になり、性格にもつながるキャラクター名を作るのは、想像力のいる作業。振り返れば楽しかったと笑えますが、当時、これを作ったカリキュラム担当者たちは、毎日悲鳴を上げていました。

アルファベットをまだ教えていない

図5　フォニックスを覚えるための音楽CD

Angry Apple

Angry Apple, a a a a a a a a

a, a, a, a, a, a,

Angry at the ants,

Angry at the alligators,

a, a, a, a, a, a,

音楽に合わせた歌詞が「Z」の「Zippy Zebra」まで続く

０～２歳の子どもたちには、曲を作って歌いながらフォニックスが覚えられる工夫もしました。すべてのキャラクターが自分の頭文字の声を発するという設定で「♪アングリー　アップル〝ア、ア、ア〟」というシンプルな歌詞を覚えやすいメロディに乗せました。

歌詞もメロディも講師陣が作ったオリジナルですが、実に覚えやすいのです。私たち大人でさえ、英語を見て覚えられなくても、歌であれば自然と口をついて出ている、ということがあります。言葉を覚える段階で音楽の力を借りない手はありません。

英語の基本、「フォニックスのルール」はオリジナルカードで学ぶ

フォニックスの26音を身に付けたあとに学ぶのは「フォニックスのルール」です。フォニックスにはいくつかのルールがあります。基本的な英語の読み方はフォニックスによりますが、重なると違う音になったり、無声音になったり、さまざまなルー

ルがあることが分かります。ネイティブの子どもたちもこのフォニックスのルールを学ぶのですが、日本人にはとても難しく感じます。複数あるうえに慣れない英語、という点が理解を遠ざけるのでしょう。

しかし、このフォニックスさえ身に付けてしまえば、日本語のようにカタカナや漢字はありませんから、その後に読み・書きについて学ぶ必要はほとんどなくなります。最初にして最大の山場ではありますが、頑張って登り切ってしまえば、視界は一気に広がります。

とはいえ、こうしたルールは文章になると「母音」「子音」などの言葉とともに説明されるので大人でも戸惑います。大人に説明するように、まだ日本語もおぼつかない幼児に教えるのは不可能なので、私たちはオリジナルの「フォニックスカード」や「フォニックスBOOK」を使って教えています。

例えば代表的なフォニックスのルールに「単語の間に〝i〟が入り、終わりに〝e〟がくる単語は、最後の〝e〟を発音しない」というものがあります。

このルールを覚えるために、私の英語保育園では一つのストーリーを作りました。

図6　フォニックスの代表的な "ie" ルール

単語の間に "i" が入り、終わりに "e" がくる言葉は、"e" を発音しない
例）rice / ice / price / dice / slice / bike / spike / nine / mine / fine など

主人公は「Mrs. I from island」（アイランドに住むミセス・アイです）。彼女は電気に注意深く、単語の終わりに電気「electric」の〝e〟がつくと、必ず自分の名前を呼んで電気を消します（図6）。こじつけですが、子どもたちはこのストーリーで「単語の間に〝i〟が入り、終わりに〝e〟がくる単語は、最後の〝e〟を発音しない」ことを学びます。

フォニックスルールを一つ理解したら、その法則と同じ単語を次から次へ教えます。この場合なら、〝rice〟〝ice〟〝price〟などがそれですが、キーワードの〝i〟と〝e〟だけを残して空白の部分をどんどん埋めてもらいます。

キャラクターを駆使してフォニックスルールを学ぶ

また、前述したフォニックスルールをキャラクターを使ったショートストーリーで教えるケースもあります。

例えば、「O」が2回続いたときは「ウー」と発音する、というフォニックスのルールはこのように説明します。

双子のオレンジオクトパスさんはボウルに入ったフルーツを見つけました。「ちょっと待って！　フルーツの中に魚が入ってるよ!?　ウー!!!　ヤック！（ウエッ）」とキャラクターを使って楽しくルールを教えるとともに「ｓｐｏｏｎ」「ｂｏｏｔ」「ｚｏｏ」など同じルールを持つ言葉も教えるのです。

これが非常に大事なポイントです。

図7　キャラクターで学ぶフォニックスルール

Orange Octopus and his twin have found a delicious bowl of fruit.

Wait! What's that in the fruit bowl? Fish? Ew!!! Yuck!

"o" が２回続くときは「ウー」と発音する
例）spoon / boot / zoo など

一つのフォニックスルールに基づいて同じルールの単語をどんどん提示することで、子どもたちに強い印象を残し、他の単語も同時に覚えていくというメカニズムです。

このように、キャラクター自身がフォニックスルールになっている場合以外にも、キャラクター同士が絡み合うことでストーリーが生まれ、そこからフォニックスルールを説明しているパターンもあります。

こうしたステップで、子どもたちはストレスなく、フォニックスとそのルールを身に付けていきます。なにしろ、毎日それらを遊びのなかで学ぶのですから、気づいたら身に付いているのは当たり前といえば当たり前です。

また、それぞれのキャラクターは各クラスのシンボルにもなっています。子どもたちはキャラクターに愛着を持つと同時に、自然とフォニックスのルールを覚えていくのですが、これもまた、フォニックスを身に付ける工夫の一つです。

こうしてフォニックスルールを覚えた子どもたちは、講師が発音した単語をそのままスペルに落とすことができるようになります。

例えば先生が「『プリンセス』と書いてみて」と言うと、その単語を見たことがないのに「ｐｒｉｎｃｅｓｓ」と書けるのです。大人でもプリンセスの最後のｓが「ｓｓ」になると忘れてしまう場合もあります。それを子どもたちは聞いただけで文字化できる、その事実に保護者は驚きます。

このフォニックスのルールを身に付ければ、中学生になってより多くの単語を覚える際にも、それほど難しいことではなくなります。

150のサイトワーズを身に付けて、5歳児が『赤毛のアン』を読む

フォニックスとそのルールを覚えると同時に取り組むのは「サイトワーズ」です。

サイトワーズとは、使用頻度の高い英単語のことです。例えば「a」「and」「for」「he」「is」「in」「it」「of」「that」「the」「to」「you」「was」などがそうですが、今挙げた13の単語だけで、英文の25％を占めます（Scholastic社「Sight Word Readers Teaching Guide」調べより）。こうした単語は丸覚えをして、見た瞬間に分かるようになると、リーディングの速さが格段に上がります。

実は、大人はサイトワーズと意識せずに文章を読んでいます。例えば日本語の漢字。「文科省」という漢字を私たちはパッと見ただけで「もんかしょう」と読むことができます。ところが漢字を覚えたての子どもは「文」を「ぶん」と読むのか「もん」と読むのか、そこで分からなくなって立ち止まってしまうのです。

図8　教室に貼られた1年間で学ぶサイトワーズ

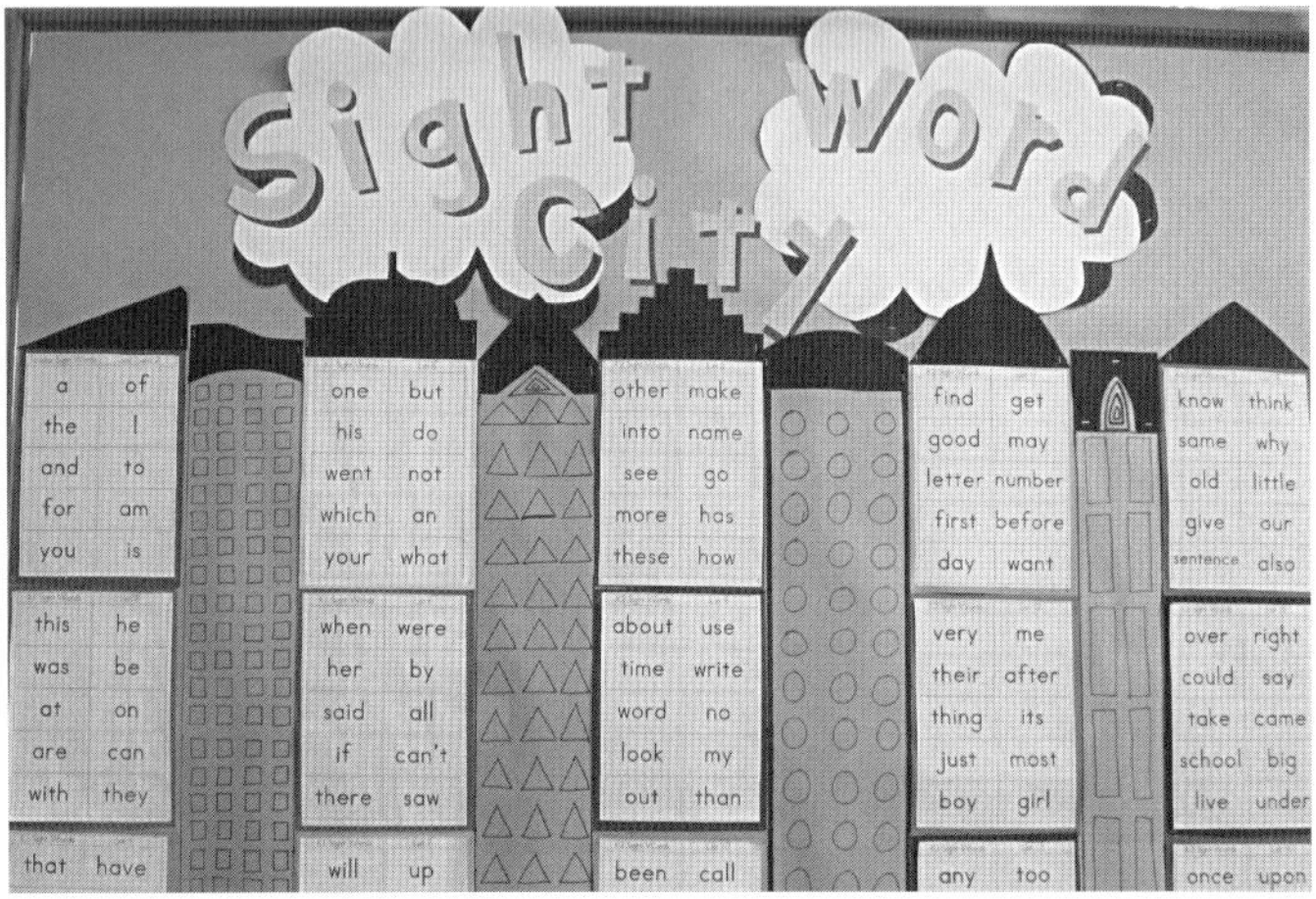

このようにサイトワーズは、経験によって増えていく言葉です。前述した「文科省」も大人であれば、あるいは大人に限らず一度その言葉を認識した人であれば「もんかしょう」となにも考えずに読めるわけで、それは実際に言葉を使ったり、目にしたりした経験があるからなのです。

　ですから、英語のサイトワーズに関しても年を重ねれば自然に身に付いていきますが、それを待つのではなく、頭の柔らかい幼児期に覚えてもらおうと考えました。サイトワーズの上位150語を選んで、卒園までに教えるのです。

図9　サイトワーズを覚える絵本「サイトワーズ Readers」

「like」「with」のサイトワーズを学ぶ絵本には、「I like painting with you」など「like」と「with」が全ページに含まれた文が記載されている

入園時の保護者会で、「卒園までに150の単語を丸覚えしてもらいます」と言うと、多くの保護者は驚きます。「まだ小さい子どもに無理強いして勉強を詰め込むのはいかがなものか」という意見が多いのですが、3〜5歳までの3年間で150語と考えれば、1年に50語、それを12カ月で割ると、1カ月につき4〜5個のサイトワーズを覚えればいい計算になります。子どもたちにとって、決して難しい数字ではありません。

サイトワーズは主に「フラッシュカード」と単語を抜粋した絵本で覚えます。

1枚につき一つのサイトワードが書か

れたオリジナルのカードを制作し、それを先生たちが常時、子どもたちに「これはなに?」と見せるのです。これらのカードをリズミカルに見せていくことで、子どもたちは覚えようと意識しなくても覚えてしまいます。

例えばCMソングなどは知らないうちに口をついて出ていることがあります。同様に、常に見ているものは自然と覚えてしまいます。ましてや頭の柔らかい子どもたちならなおさら。大げさではなく「自然に」覚えてしまうのです。フラッシュカードを使うと、子どもたちはサイトワーズを「画像」として覚えるようです。

150個のサイトワーズも、使用頻度の高い順に教えています。また、私たちが決めた3年で覚えるべきサイトワーズは150個ですが、子どもたちを見ているとそれ以外のサイトワーズも自然と覚えています。例えば自分の名前や友だちの名前、前述のフォニックスルールで学んだ単語などがその例です。

こうして「フォニックスのルール」と「サイトワーズ150語」を身に付けた子どもたちは、英語圏の10歳、日本の小学4年生が読むレベルの小説を読めるようになります。

たとえばL・M・モンゴメリの『赤毛のアン』を読んでみると、およそ8割がサイトワーズで展開していました。試しに5歳の子どもたちに読ませてみると、スラスラと読めました。

もちろん、意味の分からない箇所もあると思うのですが、フォニックスとサイトワーズを駆使すれば読むことはできるのです。部分的に意味の分からない箇所があっても、本を1冊読めるという事実に子どもたちは達成感を得ます。また、「もっと読みたい」「分からない言葉の意味を知りたい」となるのです。

私の英語保育園では、この子どもたちの想いを大切にしています。

「やる気」になった子どもたちの吸収力は想像以上です。英語の基本、「フォニックス」と「サイトワーズ」を卒園するまでに完成させる……。

そうすれば、その後も英語の基礎は残ります。「フォニックス」と「サイトワーズ」をやっている子とやっていない子とでは、その後の英語力の伸びが変わってくることは言うまでもありません。

さまざまなテーマ学習を深堀りするなかで語彙は飛躍的に増える

英語に限らず、学習は講師と子ども、あるいは保護者と子どもが双方向で取り組めることが大事です。就学前の子どもなら遊び感覚で子どもの好奇心をくすぐり、向学心が生まれたサインを的確に読み取って、タイミング良く学びを与えます。子どもの集中力は長くは持ちませんから、さまざまな工夫をして授業をしなければいけません。

子どもたちを飽きさせないために、キンダーレベル（幼稚園児クラス）で始めるのが「テーマ学習」です。英語の習得とともに地理、科学、社会学などの基礎を身に付けるため、子どもが興味を持ちそうなさまざまなテーマで勉強をします。

取り上げるテーマは、「人体」「世界の国々」「地域社会の仕組み」「宇宙」など、多岐にわたります。大人が「このテーマは面白そう」と思っても、子どもたちが見向きもしないことはありますし、またその逆もあります。

テーマ作りは常に試行錯誤の繰り返しで、これまでボツになったテーマも数知れません。この18年間でかなりブラッシュアップされ、子供たちの好奇心を育むものだけが残りました。

一つのテーマについて、年齢を重ねるごとにどんどん掘り下げていくのが特長です。例えば、「体の仕組み」がテーマだとしたら、母親たちが子どもに言う「お菓子をあまり食べないで、ご飯を食べなさい」というセリフに対して、「なぜ?」からスタートします。「お母さんがどうして、そんなことを言うのか分かる?」という問いかけの答えを、3年かけて学ぶのです。

最初は「ジャンクフード」がテーマ。子どもたちにスーパーやレストランの折込チラシを持ってきてもらって、そこに掲載されている食べ物の写真を図工の時間にハサミで切ってもらいます。野菜や肉、魚などにお菓子が交じったジャンクフードもあります。切り終わったら、「体に良い食べ物」と「体に悪い食べ物」を分けてもらいます。

まだ3歳ですから分からないところも多く、担当講師がフォローしながらの作業です。その後もさまざまな食べ物について勉強しますが、まず、食べ物には体に良いも

図 10　テーマ学習の一例「体の仕組み」

1年目（3歳児）：「体に良い食べ物？　悪い食べ物？」

2年目（4歳児）：「食べ物の栄養」「味覚地図」

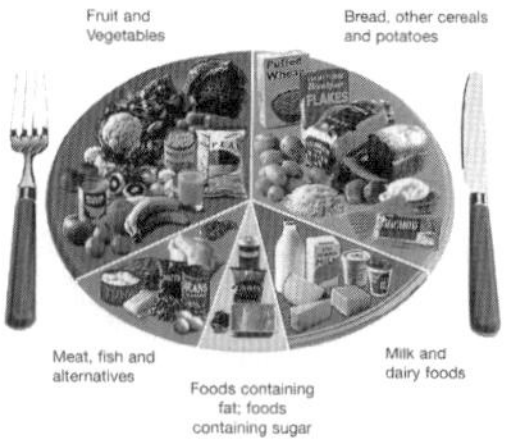

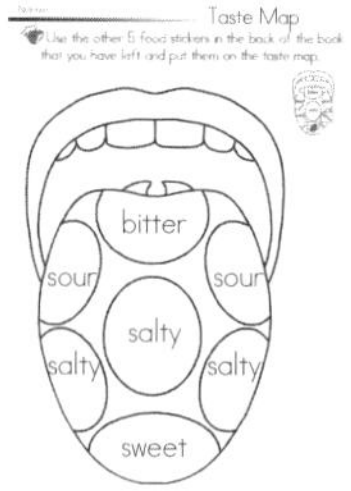

3年目（5歳児）：「体の部位と臓器の働き」

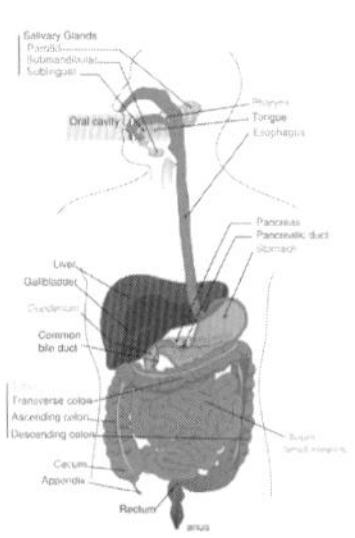

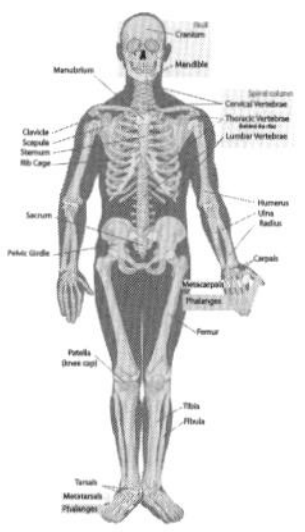

のとあまり良くないものがある、ということを学んでもらうのです。

4歳になると、食べ物はいくつかに分類されていることを勉強します。例えば、「野菜と果物」や「肉と魚」それぞれが同じカテゴリー内に属していることを理解します。また、味覚には「甘味・苦味・塩味・酸味」があり、舌のそれぞれ別のエリアで感じやすいことを知ります。文字や図だけでは味覚の差を理解しにくいため、食べ物のシールを用意し、例えばレモンであれば「Sour（酸味）」の位置に貼ってもらうのです。そうすることで、酸っぱいものは「Sour」と理解するようになります。

さらに、5歳になると、食べ物の「栄養成分」についても説明します。例えば、肉や魚は「Protein（タンパク質）」と学ぶことで、その食べ物が体のなかでどういう役割を果たすのか。血液になるもの、筋肉になるもの、骨になるものなどを学習します。ここで初めて、「どうしてお母さんはジャンクフードを食べてはいけない、お菓子ばかりを食べてはいけないと言うんだろう？」ということが理屈で理解できるのです。

さらにこのテーマでは、学習のなかで「臓器」の話も登場します。臓器については教えなくてもいいだろう、とも考えたのですが、食べ物が体のなかでどのような変化を起こすのかを教える際にどうしても臓器名が出てきてしまいます。それについては深追いしなくていい、というスタンスでいても、気づけば、子どものほうから「Colon（結腸）」「Ascending colon（上行結腸）」「Descending colon（下行結腸）」などという、大人でも分からない言葉が出てくるのです（図10）。

そして、これまでの学習を基にこんな実験をします。図11を見てください。ビニール袋のなかにクッキーやバナナなどの食べ物と、唾液の代わりに水、胃酸にはオレンジジュースを使ってぐちゃぐちゃに混ぜるのです。これが「食べ物を食べたときの胃のなかの状態」と説明すると、子どもたちは納得します。そのあと、胃から小腸、大腸、肛門へと栄養分を吸収しながら、食べ物は流れていきますが、その流れをトレーや紙コップ、タイツなどを使って説明していきます。そして最後、体外に出たものが「うんち」。分かりやすく目の前で見せると、子どもたちは大喜びで、自分たちの体が行う消化について正しく理解します。

これこそがテーマ学習の効用。まずは身の回りにあるものや小さな疑問から始まった学習が、ゴールでは一部医学の分野にまでたどり着いている。これがテーマを掘り

図 11　テーマ学習による実験の様子

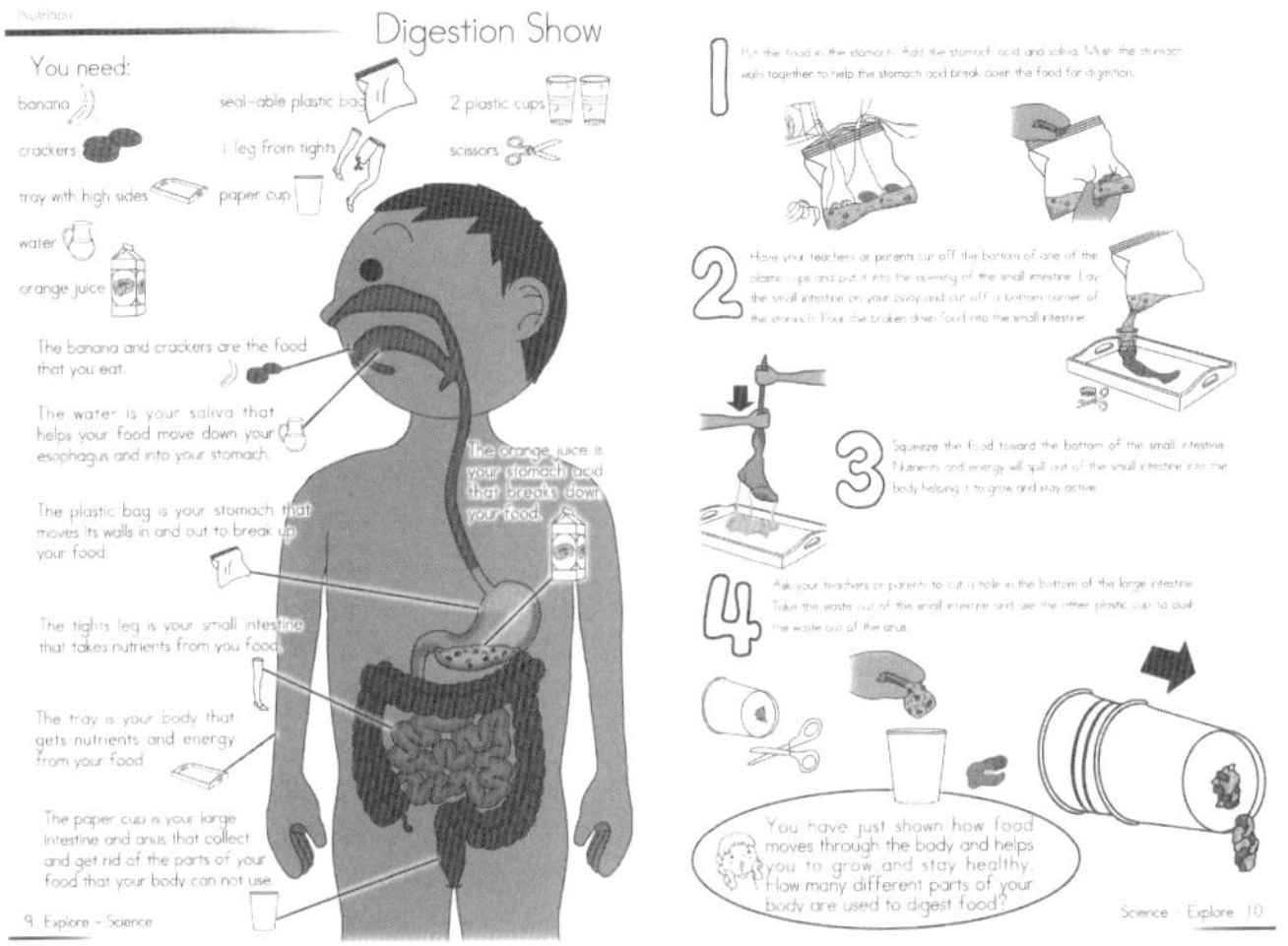

下げて学習する面白さです。また私の子どもが小学6年生になったとき、「お母さん、人間の臓器について保育園でやったよね？　私、英語で全部思い出したよ！」と言ってきたのです。それには大変驚きました。一時的に忘れてしまった単語でも、なにかをきっかけに思い出し、あらゆるところにつながっていくのです。

ほかにも「人間はどうして一年で年を取るの？」という疑問から宇宙の仕組みに話が広がったり、「アフリカにはどんな動物がいるの？」という疑問から6つの大陸と7つの海の話に広がったり、「家のなかにはなにがある？」という疑問から世界中の家や建築工法の話に広がったりするなど、すべてのテーマ学習がこのように進んでいきます。

テーマ学習の手法や考え方は、オーストラリアの学習方法を参考にしています。「子どもたちの語彙を増やすためにはどのような授業をすればいいか」を議題にした際、オーストラリア人の講師がこのテーマ学習を勧めてくれました。3歳はなにに対しても「どうして？」「なんで？」「なに？」と聞いてくる時期。その時期のさまざまな疑問について考えるテーマ学習は、子どもたちの好奇心を育てます。

どのテーマも「3歳からこんな勉強をして子どもたちは分かるの？」と思うものば

かりですが、子どもの能力を侮ってはいけません。難しいとか、簡単だとか区別するのは大人の概念です。無理強いしなくても興味があることはどんどん吸収していき、学んでいきますから、教えないのは罪です。そしてそうした学習のなかで、英語の語彙も目まぐるしく増えていきます。

テーマ学習には徹底したマニュアルが存在する

テーマ学習の効果は目を見張るものがあるものの、教える側は大変です。大人ですから、答えは容易に浮かぶのですが、なぜその答えになるのかがうまく説明できません。ましてや相手は子ども。子どもが理解できる言葉を使って明確に分かりやすく物事を説明していかなければいけません。そこが幼児教育の難しいところです。どんなに優れたテーマでも、子どもが興味を持たずにポカーンとしていたら意味がないのです。

図12　フラッシュカード「太陽って何？」

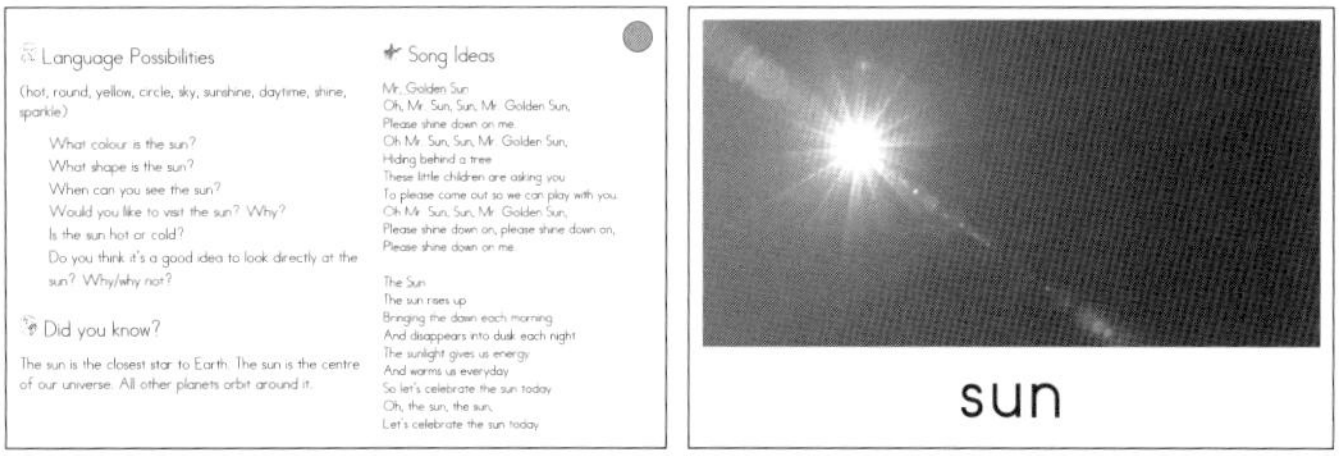

左：裏面には太陽についての正確な答えや歌などが記載されている
右：表面を見て子どもに太陽について問いかける

子どもが興味を持つように仕向けるのは講師の仕事ですが、個々の講師で答えに微細な差が出ないように、テーマ学習には徹底したマニュアルが存在します。テーマ学習に限らず、私の英語保育園では「フラッシュカード」を使って学習をするのですが、そのカードの裏には、正確な答えが記されています。

例えば「太陽とは何？」と子どもたちに問いかけながら、フラッシュカードを出し、子どもたちの答えを聞いたあと、正解を言う。その正解が講師ごとに異ならないよう、「太陽とはこういうもの」という答えが3行程度にまとまっているのです。説明の上手な講師の答えをフラッシュカードの裏に、5歳児が分かる言葉（あるいは3、4歳児が分かる言葉）で落とし込みます（図12）。

フラッシュカードは必要に応じて、次々と作成されています。全学年分になると、その数は1000枚を超え、尋常ではない量になります。以前は手作業で、それらを必要なものと不必要なものに分けたり、裏のカンペをブラッシュアップしていたのですが、さすがに非効率だと考え、現在はデジタルに落とし込む作業を続けています。

卒園時には世界中から集めた450冊の絵本を読み終える

現在、私の英語保育園では450冊の絵本を用意しています。最初は、世界的に有名な絵本を20冊ほど集めました。その後、外国人講師に自国の子どもたちに人気のある絵本や自分が幼いころに読んだ絵本を聞いたり、世界中のスタンダードな本を集めたりすると、450冊に。日本で言うと『桃太郎』や『浦島太郎』のような各国でポピュラーな絵本ばかりです。

1冊の本を最初から最後まで読むことができると、子どもはとても大きな自信を得ます。子どもたちにその達成感を持ってもらい、彼らが「もっと本が読みたい」「だから、もっと言葉を覚えたい」と考えるように、フォニックスを教え、サイトワーズを身に付けている途中段階から、さまざまな絵本を与えます。

これらの本は、いつでも好きなタイミングで貸し出しが可能ですが、どの本をどのタイミングで読むかは、実はとても難しいセレクトなのです。

生後3カ月の赤ちゃんでも、読み聞かせると本の内容を大まかに聞き取ることができます。意味は分からずともニュアンスで物語のイメージをつかんでいくのです。しかし、自力で読むとなると、個々のリーディング力によるところが大きくなります。

難しいのは、子どものリーディング力に合わない絵本を与えてしまうことです。読みたくても読めないストレスは子どものやる気を削いでしまいます。子どもは容易に読書が好きになりますが、同様に簡単に読書を嫌いにもなってしまうのです。子どもたちの様子を見ていると、1冊のうちの約7割を読めないと、その本を諦めてしまう場合が多いようです。

その事実を考慮しながら、年齢やリーディング能力に合わせてふさわしい絵本を与えるようにしているのです。絵本は、各年齢別に簡単なものから並べてあるので、子どもに貸し出す際は簡単な絵本から順に渡します。そうすると彼らは、最初の数冊の絵本をスラスラと読むことができ、前述した「達成感」を得られます。達成感が続けば、6割程度しか読めなくても、分からない単語を聞いたり、調べたりしてフォローするようになります。そしてちょっと難しい絵本でも読破することができ、それが嬉しくて、また新しい絵本に挑戦していくというプラスのスパイラルが生まれるのです。

また、子どもたちがより絵本に興味を持てるような工夫もしています。

例えば共通のキャラクターが登場するものやテーマが似ているものなどをまとめています。〝英語的に簡単なものから順番に〟というブロックと〝トピックスごとのインデックス〟というブロックを駆使することで、子どもの好奇心のスイッチを入れ、そこに達成感を与えるのが講師の仕事です。

所蔵する450冊の本を卒園までにすべて読破できるようなカリキュラムを組んで

いますが、子どもは好きな本を繰り返し読むので、延べ読了冊数になるともっと多い数になります。

ちなみに、英語保育園を1期生で卒園した私の娘は20歳になった今でも本が大好きです。英訳（あるいは邦訳）されている本は、小学生のころから「日本語」と「英語」の2冊を与えていました。小学5年生のときに『くまのプーさん』の日本語版と英語版を読んだ彼女が「あれは元が英語の本でしょ？　日本語の訳し方がちょっと違う」と言いました。彼女は微妙な〝ニュアンス〟までも理解しています。

幼児期に英語を学んだ人たちは、英語も日本語もニュアンスで理解しているので大人になってから英語を勉強した人にはなかなか身に付けられない感覚です。これもバイリンガルの特長の一つです。

独自の書き順指導でアルファベットを身に付ける

英語のライティングには当初迷いがありました。日本語のように明確な「書き順」がない英語は、自由に書いていいということが基本です。海外からたくさんのテキストを取り寄せましたが、共通した書き順はなく、外国人講師に聞いても「書き順を習った記憶がない」と言います。

それなら、子どもたちが書きやすいように自由に書かせてもいいかな、とも思ったのですが、講師たちから「共通の書き順があったほうが迷わずに教えられる」という意見が出たことや、また、保護者からも「書き順はどのようにするのですか？」という質問もあったため、オリジナルで書き順のテキストを作ることにしました。

文字を書く基本は「左から右」「上から下」と、日本語の漢字の書き順に寄せて考えました。この「書き順」は日本独特の教育法で、カナダ校で子どもたちに「書き順」を教えたときは、カナダ人の保護者がとても驚いていました。そして「これはいい」「アルファベットを覚えやすい」「文字がきれいに書ける」と感じた人も多く、当園の書き順教育が評判になりました。とはいえ、この書き順については厳しく教えてはいません。子どもたちは一度書き順を身に付けても、時間が経つと好きなように文字を書き始めるようです。

それよりも力を注いでいるのは、鉛筆の使い方です。まず正しい鉛筆の持ち方を教えます。それができるようになったら線を書きます。いわゆる運筆で、「ある点からある点までを結びましょう」というふうに鉛筆の運び方を練習するのです。

最初は幅の広い枠を作って、この枠内で点から点まで線を結んでみましょう、と指導します。だんだんと慣れてきたところで、その枠をどんどん狭くしていきます。子どもたちが書く線自体は変わらないのですが、枠が狭くなると少しずつ難しいと感じるようです。最後は枠なしで線を引いてもらいます。

その時点で、鉛筆の使い方にはずいぶんと慣れていますから、今度は縦線と横線を次々と書くように指導します。縦と横の線だと縦の線のほうが子どもたちは書きやすいので、まずは縦の線からスタートです。続く横線は左から右へ進むと書きやすいの

図 13　アルファベットの書き順の例

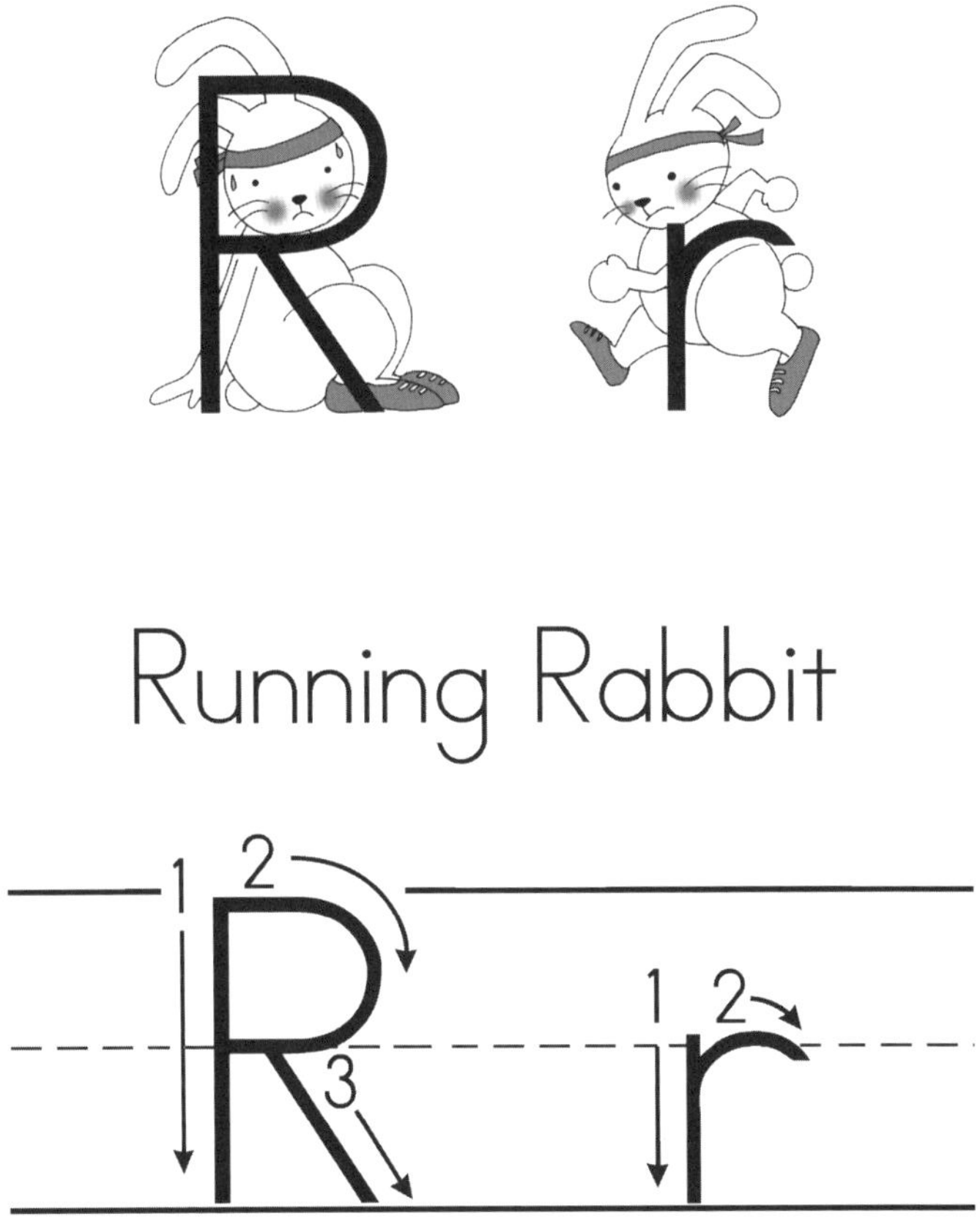

で、左から右を徹底して教えます。

面白かったのは子どもたちの発想力。「この点とこの点を結んでください」と大人に言うと、特に指示をしなくてもほとんどの人たちが同じように線を描きますが、子どもたちはそうはいきません。2点を結ぶのに、波線にする子がいたり、曲線にする子がいたり、ギザギザ線にする子がいたりします。それはそれで楽しいのですが、文字を書く練習と考えて、点と点の間に矢印を入れるようにしました。そうすると誰もが、2点を真っすぐな線で結ぶようになるのです。

アルファベットを書く場合も、Aからではなく、書きやすいCからにしました。すべてにおいて、簡単なことから教えることは幼児教育の基本です。

5歳になると「過去・現在・未来」の使い分けができるようになる

英語漬けになる3年間（プリスクールから入園の場合は5年半）のなかで、積み重ねた力が一気に花開く5歳児は、子どもたちがすさまじい進歩を遂げる1年でもあります。英語力はもちろんですが、日本語の語彙力も増え、理解力の面でも3歳児と4歳児では、格段の違いを見せます。また、園のなかで最年長となる自覚から、立ち居振る舞いもずいぶんと大人っぽく、頼りになる存在に成長します。

5歳児たちを見ていると、小学校就学は6歳児からという事実が理解できます。それまで目にしたこと、聞いたこと、話したことなどすべての経験が絡み合って、一つの成果につながっていきます。子どもながらに「経験」の積み重ねが花開く最初の年齢なのかもしれません。

なかでも、手応えを感じるのが、時間の流れに対する理解です。3歳の子どもたち

図 14 「過去・現在・未来」を理解する

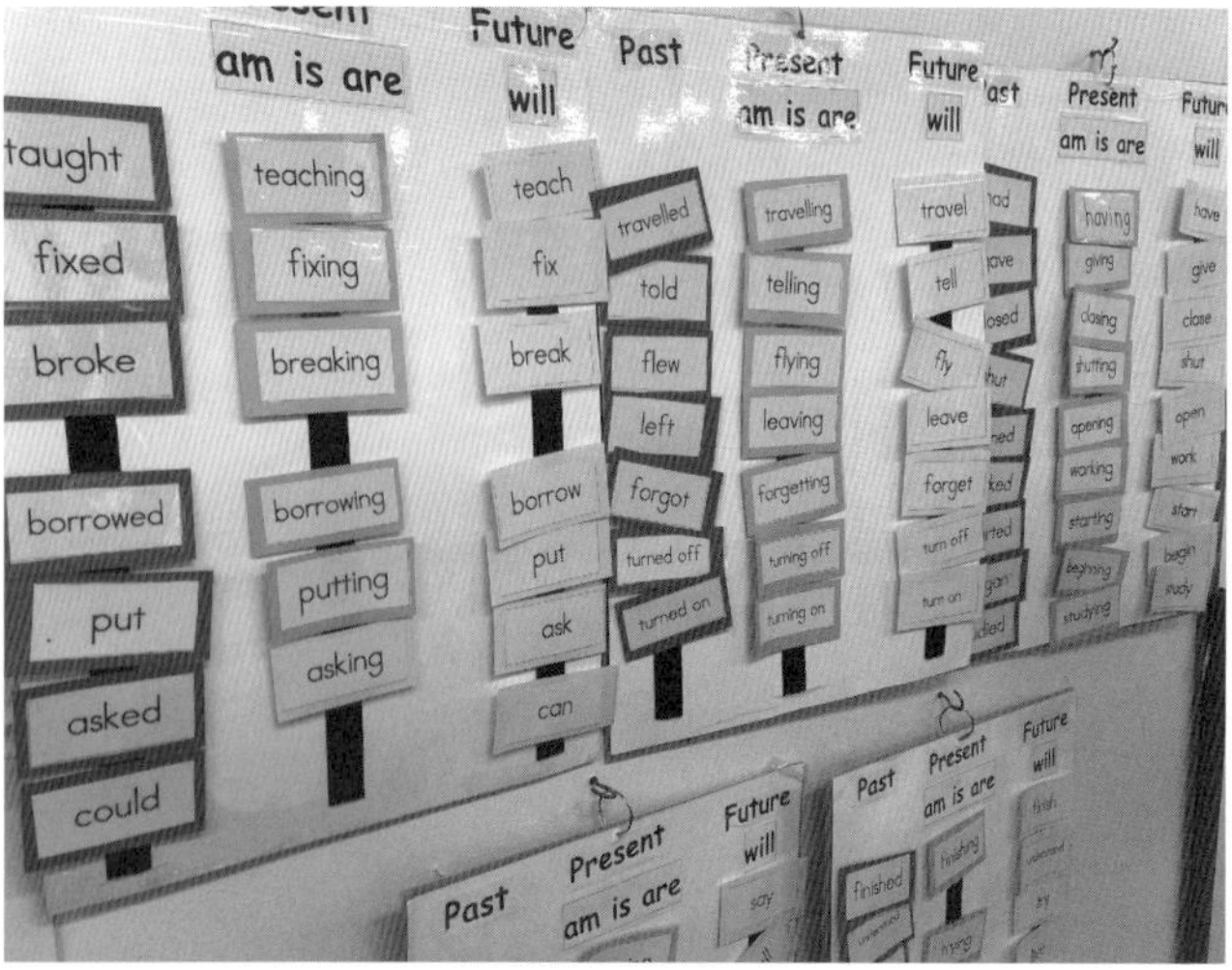

に、過去・現在・未来の概念を教えても、年齢的に理解ができません。4歳の子どもたちでも、時間の概念は完全に分かってはいないように感じます。このころの子どもたちは〝昨日〟と〝先週〟をともに〝昨日〟と表現したりするのです。

ですから、時間の概念を順序立てて教えていくことは非常に大事です。

まず子どもたちは、毎日張り替えられるタイムスケジュールを確認して、時間の概念を学びます。そして3歳では、〝1がfirst〟〝2がsecond〟〝3がthird〟というように時間仕様の表現法を〝31〟まで学びます。これはカレンダーが31日まであるからです。併せて時計の読み方の「1時」「2時」「3時」を教えます。

4歳になると、「昨日・今日・明日」の概念を教えるとともに、時計は「1時半」「2時半」「3時半」といわゆるハーフの時間軸を学びます。

5歳では、「昨日・今日・明日」＝「過去・現在・未来」を徹底して学び、時計は5分を理解します。

時計を読めるようになり、時間の概念が身に付いた5歳児たちは、英語で現在・過去・未来を表現できるようになります。時間の概念が身に付くのは、経験によるところが大きく、さまざまな概念を身に付けた5歳児だからできることなのです。時間の概念を理解すると、英語の文章が格段に洗練されます。当然、英語力も育まれるのです。

絵日記でライティングスキルを向上させる

英語学習のなかで最も難しいのはライティング、文章を書くことです。文字が残るライティングは、ある意味ごまかしが利きません。頭に浮かんだことを文章にするためには、語彙力はもちろん、構成力も必要ですし、単語の初めは大文字で、文章の最後はピリオドを打つ、単語と単語の間はフィンガースペースを入れるなどの文章ルールも知らなければいけません。

4歳児ではさまざまな単語のスペルを習得し、5歳児になると文章の書き方を中心に、少しずつ英語の作文に挑戦していきます。そして5歳児になるとサイトワーズをブラッシュアップして、自分の意見を表現できる語彙を増やして文章力を高めていくのです。

図 15　5 歳児の絵日記

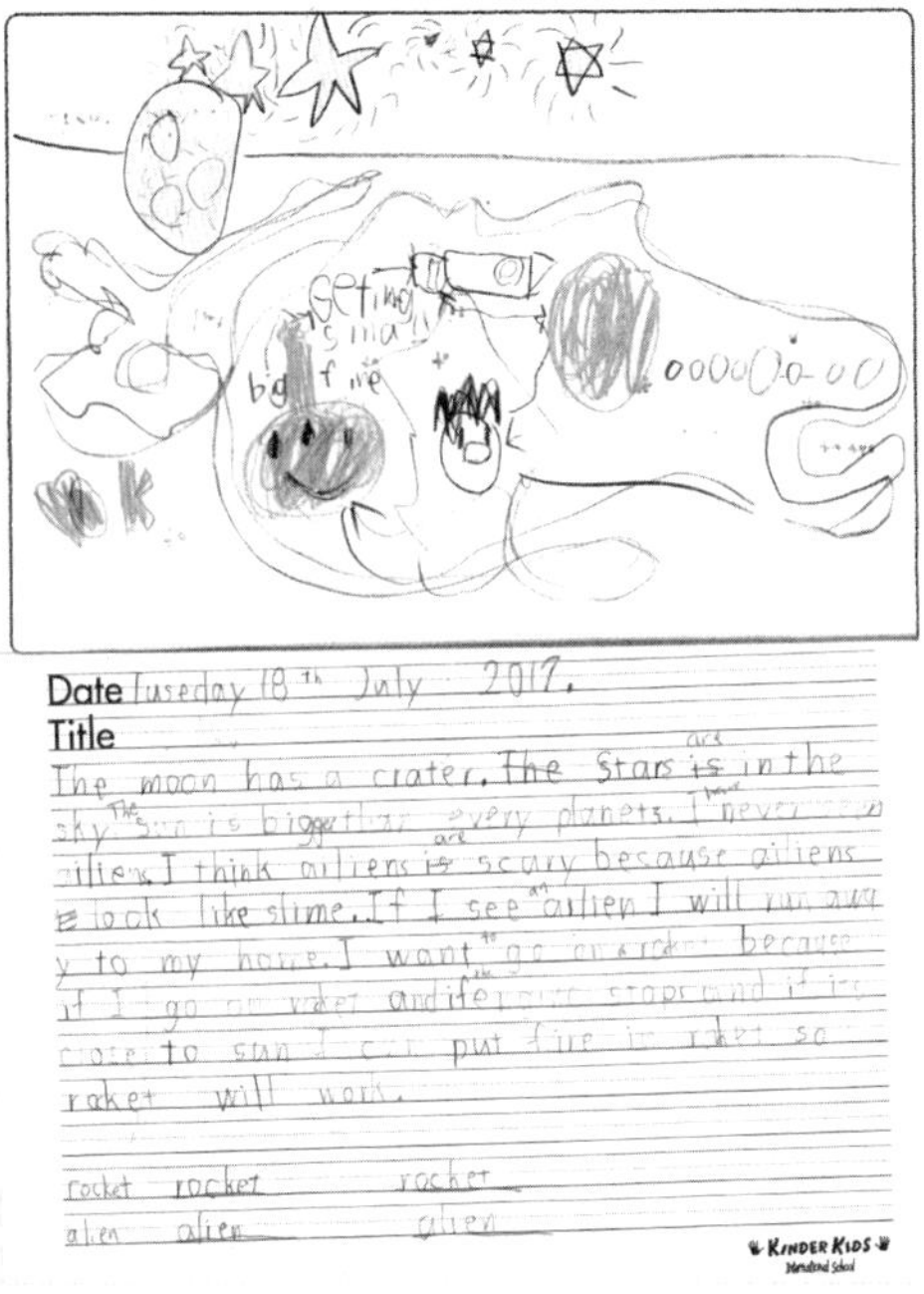

Date: Tuesday 18st July 2017.
The moon has a crater. Stars are in the sky.
The sun is bigger than every planet. I have never seen aliens.
I think aliens are scary because aliens look like slime.
If I see an alien I will run away to my home.
I want to go on a rocket because if I go on a rocket and
if the engine stops and if it's close to the sun
I can put the fire in the rocket so rocket will work.

現在形、現在完了形、未来形、また比較級までも使いこなせるようになっている文章力を付けるためには、繰り返し書くことが大事です。

5歳児は、週末の出来事を絵日記にまとめるジャーナルを作成しています。A4ノート1~2ページに絵と文章をまとめますが、間違えているスペルや表現には、講師たちの赤が入ります。

最初はスペルミスが多く、文法的にも間違いのあった文章でも、夏を過ぎたあたりから、文法が安定し始め、難しい表現も飛び出すなど、子どもたちのスキルは飛躍的な成長を見せ始めます。

前述した時間の概念が備わっているので、文章は平坦ではなく、奥行きを持ち、なかなか読みごたえがあるのです。

幼児教育では「ヒアリング」と「スピーキング」のいわゆる会話力に注視しがちですが、インターネットで世界中とコンタクトを取れるようになった現代で必要となるのは、「ライティング」と「リーディング」の力です。非常に難しいこの二つの能力の基本を身に付けて、子どもたちは卒園していきます。

卒園時は英語圏の小学2年生レベルになる

卒園時の子どもたちのゴールは「英語を母国語とする国の小学2年生と同等の英語力」です。

前述した某有名大学の研究論文で「(ネイティブの) 小学2年生レベル相当まで身に付いた言語能力は、そこで英語学習をストップしても、定着した能力が失われにくい」という一文を見つけたとき、私は「これだ!」と思いました。

英語学習は早い時期から始めるべき、ということを理解し、実践しても、日本では小学生になった途端にいったんそのキャリアが止まってしまいます。小学3年生で再び英語を学び始めるまでの2年間に、せっかく幼児期に学んだことがあっさりと失われてしまう恐れを感じていたのです。

しかし、この一文を知ったとき、「そうか、ネイティブの小学2年生レベルまで子どもたちの能力を育てればいいのだ」と確信しました。

さまざまな工夫を凝らして、「卒園するまでにネイティブの小学2年生レベル」を目指していますが、その目安となるのが英語検定です。英検3級に合格すれば、ほぼネイティブの小学2年生レベルと認められます。私の英語保育園では5歳になると、半数以上の子どもたちが英検3級を取得します。

また、日本の子どもたちと同じカリキュラムで学ぶカナダ校の子どもたちも、エレメンタリースクール（小学校）入学と同時に飛び級をするケースが目立っています。カナダ校の子どもたちは当然ネイティブ。卒園後に、まさに小学2年生のレベルになっているという証明の一つです。

日本の社会に合わせた外国人講師の指導

子どもたちの英語力を育てるためには、ネイティブの外国人講師の存在が必須です。ですから創業当時は、良質な英語講師をリクルートすることに必死でした。在日外国人向けのフリーペーパーで外国人講師を募集すると、すぐに大勢が集まってきますが、実際に子どもたちの前に立たせることができる人材は非常に少ないのです。

皆さんネイティブですから語学の面では問題はないのですが、多くの人が教育者としての経験がありません。なかには英語講師としてキャリアを積んだ人もいましたが、大人相手に教えていた人が多く、乳幼児を担当した経験のある人は稀でした。大人を相手に英語を教える場合はそこまで細かく考えなくてもいいのですが、乳幼児を相手にする場合には、教育的要素が強く必要とされます。

例えば、欧米では珍しくないタトゥーでも、日本の教育現場ではふさわしくない。アメリカ人のランチはジャンクフードが一般的でも、日本の保護者はジャンクフード

を嫌う。講師が教室でジャンクフードを食べていたら子どもたちはほしがります。ほかにも、デスクに腰かけてコーヒーを飲む人がいたり、ガムを噛む人がいたり……。文化の違いもありますが、「外国人の常識は日本の非常識」という面も多く、悩まされました。

結果、タトゥーをしている場合は必ず隠す、ジャンクフードは子どもの前で食べない、コーヒーは椅子に座って飲む、など、それこそ子どもに教えるような指導を繰り返しました。

彼らにしたら「そんなことがＮＧなのか！」と思うことも少なくなかったかもしれませんが、そこは規則として徹底しました。また、遅刻や無断欠勤をする人は論外です。子どもを相手にする仕事ですから、その自覚を持って、真面目に仕事に取り組んでもらわなければいけません。

そんなふうでしたから、外国人にとっては「日本の企業は窮屈で堅苦しい」と感じたかもしれません。こんなに厳しい制約のなかで働くよりもこちらのほうが条件がいい、と給料の良い仕事を見つけてすぐに移籍してしまう人もいましたし、契約がまだ残っているのに12月の休暇に本国に戻って、「もう日本には戻らない」と一方的に言ってくる人もいました。

当初は頭を悩ませましたが、その都度規則を厳しく改めて契約書の精度を上げ、講師の育成も徹底しました。また外国人講師の指導は、外国人講師に任せました。英語講師という同じ職業であることはもちろんですが、日本人に指示・指導されるよりも外国人に指導されるほうが、すんなり受け入れることを知ったからです。

加えて、キンダーキッズに対する愛着と仕事に対するモチベーションが湧くように、意欲のある人には責任あるポジションも任せるようにしました。そうするうちに、だんだんと教育現場に立つ人間としての意識が浸透し、18年経った現在は非常に優秀な外国人講師ばかりが揃っています。

第3章

全身で学び取る体験型学習
英語の習得力は、
子どもの興味をそそることで大きく変わる

体験型学習は子どもたちの学びを広げる場

私の保育園では、すべての学習が「子どもの興味」で進みます。保育園だけでなく、自宅での学びも、「子どもの興味」中心で進めていくのが基本です。

第2章で解説した英語教育はもちろん、算数やサイエンス、体育や音楽など、カリキュラムのすべてが基本「子どもの好奇心」ファーストです。

なぜなら、子どもの学習意欲は「興味」がその中心になっているからです。彼らの知識を吸収する力は大人の想像を超えていますが、その力を存分に発揮できるように導くのが私たちの仕事です。

そのために「細部まで考え抜いたユニークなテキスト」をオリジナル制作したり、「興味を持ちやすいテーマ学習」を徹底したり、「遊び感覚」で達成感を育む工夫を重ねます。その一つが、遠足や各国のイベント、日本の行事、農園での収穫作業や音楽発表会といった、さまざまな「体験型学習」です。

人間の脳と体は密接につながっていて、体を動かして覚えたことは忘れにくいといわれます。物事を身に付ける際に、記憶力は重要なファクターになりますが、記憶の定着の仕方が「単なる学習」と「体験型学習」では異なってくるのです。

「陳述的記憶」と呼ばれる頭で覚えた記憶は、脳の「海馬」を使って蓄積されていきます。受験勉強など、いわゆる机に向かってする勉強の記憶がこれです。

そもそも海馬は記憶の取捨選択をする場所です。海馬が必要と判断した記憶は、長期保存をされます。陳述的記憶をせっかく覚えても忘れてしまうことが多いのは、海馬が「長期保存はしなくてもいい記憶」と判断するゆえです。

海馬が長期保存を認めるのは「生存に関わるための記憶」と「繰り返し言われた（見せられた）」記憶です。この事実を確認したわけではありませんが、結果として私の英語保育園では、子どもたちに繰り返し同じ単語やフレーズを教えていることに思い至りました。

一方、「陳述的記憶」に対して、体を使って覚えるのが「手続き記憶」です。自転車の乗り方や泳ぎ方などは、一度覚えると何年かのブランクがあっても忘れることはありません。それが手続き記憶の強みです。

手続き記憶の中心的な役割を担っているのは、海馬ではなく、脳の「大脳基底核」と呼ばれる部分と「小脳」です。大脳基底核は体の筋肉を動かしたり止めたりする際に、小脳は筋肉の動きを細かく調整してスムーズに動く際に働きます。繰り返し体を動かすことで、大脳基底核と小脳の記憶はしっかりと深く刻まれていきます。こうしたプロセスを経て脳に刻み込まれた記憶は、消えることなく、私たちの脳に定着します。

このメカニズムが理解できたら、それを使わない手はありません。私たちは定期的に行う遠足や施設見学、農園での収穫体験や科学の実験など、体験して学ぶメソッドを加えて、子どもたちの五感を刺激し続けています。

また、脳のメカニズムでいうと好奇心を覚えたときにシータ波（脳波の一種）が出ることが分かっています。このシータ波が出ると、想像力や記憶力がアップし、ひらめきや直観力が高まります。このことからも子どもたちの好奇心の芽を育む体験型学習の効果が分かります。

物事の真理を理解する体験型学習の効果

体験型学習の一つ、遠足は頻繁に実施します。スクール近くの公園まで歩いたり、自然と触れ合ったり、バスに乗って工場や施設の見学に出かけたり、動物園で生き物を観察したり、農園で収穫体験をすることもあります。

行き先のいくつかは、その時期に子どもたちが学んでいる「テーマ学習」に沿った場所です。例えば「宇宙」がテーマのカリキュラムのなかで、星の構造や惑星の仕組みを英語で学んだあと、「プラネタリウム」を訪れ、星を観察するなどがその例です。そうした体験型学習のなかで子どもたちはさまざまな気づきや学びを得ます。

「魚の仕組み」を学んだあとの水族館見学で、「How many fins does the fish have?」（あの魚、ヒレが何枚あるのかな？）と話している子どもたちがいました。一般的に4〜5歳の子どもが水族館に行ったら、「うわぁ、魚が泳いでいる！」「大きいねぇ」「かわいいねぇ」「きれいだねぇ」とはしゃぐものでしょう。

ところが、2週間ほど魚の生態について学んでから水族館を訪れた子どもたちの興味は、魚のヒレやエラ。覚えるか否かは別として、テーマ学習のなかで「魚はエラで呼吸をする」「魚は瞬きをしない」などを教えているゆえの視点です。ちなみにこれらの会話はすべて英語です。彼らは日本語の「エラ」や「ヒレ」をまだ知りません。

私はこうした彼らの「視点」こそが、非常に大切だと思っています。

例えば、テーマ学習では植物の勉強もしますが、4～5歳の子どもとともに植物を見て話すとき、多くの大人は「チューリップがきれいね」「タンポポが咲いているね」など、植物の名前を教えがちです。

もちろん、それも大切な知識ですが、私たちが教えるのは、花の仕組み。「おしべやめしべ」であり「花びらの数」などです。お母さんが「チューリップきれいね、花びらは何枚だろう?」「チューリップの花びらよりひまわりの花びらのほうが多いね?どう?」と問いかければ、子どもの意識や見方は変わります。質問力とはまさにこのことです。親が上手に子どもの好奇心をくすぐる質問をすることが大事なのです。

私が子どもたちに教えたいことは、物事にはさまざまな側面があるということです。そしてそうした視点を持つ大切さです。「あなたが見ている花はきれいね」ということは一つの見方。「めしべがあっておしべがあって、植物はこのような仕組みになっている」ということが、もう一つの見え方。

植物に限らず物事にはすべて、さまざまな見方が必ず存在する、という真理を子どものうちに知ることはとても大切です。子どものころからそういう視点を持つ訓練をしていれば、一つの事象を多角的に見ることができるようになります。「視点」が変われば見えてくる景色も変わります。私はそのことを子どもたちに教えたいのです。

感性を刺激することが言語能力や観察力を向上させる

子どもは本来、知的好奇心の旺盛な存在です。

「不思議に思う」「楽しいと感じる」「驚く」「知りたいと思う」といった感性に満ちていますが、そのまま放っておくとそうした心を１００％表現することはできません。親や講師など近くにいる大人が、子どもたちの知的好奇心を上手に表現させてあげることが大事です。

たとえば、テーマ学習の一つに過去の動物たちというテーマで恐竜について学びます。ただ恐竜の名前を教えるだけでなく、「恐竜には肉食と草食があるって知っている？」と問いかけます。

肉を食べる恐竜と草を食べる恐竜がいる、それを知るだけで子どもたちの目は輝きます。つまり知的好奇心を刺激しているというわけです。そのタイミングを逃さないように、フラッシュカードで「肉食の恐竜」と「草食の恐竜」を何枚も見せるのです。そうすると、子どもたちは肉食恐竜と草食恐竜の違いを「感覚」で認知していきます。「このダイナソーは肉食？　草食？」と恐竜のフラッシュカードを見せながら聞くと、どちらか間違えずに答えるのです。

端的に言うと、大きく鋭い歯があり怖い顔をした恐竜は肉食、頭が小さくて歯も小さい恐竜は草食なのですが、子どもたちは、その違いを言葉で理解する前に感覚で分かってしまうのです。

そしてそのあとに遠足で恐竜博物館に出かけます。その際に恐竜の骨をお土産で買ってきた講師が、アクティビティーで骨探しゲームを提案するのです。

「砂場にダイナソーの骨があるから探してみよう」

テキストやフラッシュカードで恐竜を知って、体験型学習でじかに触れて、そのあとのアクティビティーですから、子どもたちは盛り上がらないわけがありません。

こうした一連の学習のなかで、子どもたちの感性は刺激され、それと同時に観察力や英語の語彙が増えていきます。

繰り返しになりますが、子どもたちの感性を刺激するためには、大人の導きが必須です。どう問いかければ彼らの感性に響くのか、観察力に火が点くのか、すべては大人の知恵次第。私たちの責任は重大です。

見て、聞いて、触って。五感を刺激する学習法が子どもの英語理解力を飛躍的に高める

前述した記憶の定着率について、もう一つ覚えておきたい要素があります。それは視覚・聴覚・触覚・味覚・嗅覚などの「五感の刺激」です。

人間の脳は、五感を働かせて記憶をするとき、より強く記憶が定着するという特長があります。使っている器官が多いほど、長期間記憶がインプットされるのです。例えば、本を目で追って読んでいるときより、声に出して読む音読のほうがその内容が頭に残ります。

これがより多くの器官を刺激して記憶するということ。旅の思い出が何年経っても鮮明なのもその例です。例えば夏の夕暮れの独特な匂いを感じて子ども時代の夏を思い出す、という経験は多くの人に共通すると思いますが、それと同じことです。この場合は嗅覚の記憶になります。つまり、各器官から受ける刺激の数が多いほど記憶は

定着するということです。

　このように、より多くの体の器官を使って学習することは、とりわけ子どもに有効とされています。なぜなら、脳のシナプス（神経細胞の結合部分）は3歳前後までに7～8割、小学生になるまでに9割、残りは小学校を卒業するまでに出来上がるからです。シナプスとは、外界からの刺激を受けて情報を伝達したり、記憶を定着させる神経細胞をつなぎ合わせる役割をするもの、脳を活性化するスイッチです。

　こう考えるとシナプスが劇的に成長する5歳までの幼児期に、五感を使って学んだ子どもとそうでない子どもの差は歴然としています。5歳までの幼児期には、体全体を使って、五感を刺激し続け、シナプスを育成すればするほど、地頭のいい子どもに成長します。語学力についても同様です。ただ机に向かって講師の話を聞くだけではなく、ゲーム感覚で動きながら、学んだ知識を実際に目で見て、匂いを感じて、音を聞く体験型学習を通じて、子どもの語学力は目まぐるしく成長していきます。

「トピック→仮説→実験・体験」を経て、どう思うかが重要

私は「英語」を通じて、さまざまなことを子どもたちに教えていきたいと考えています。特に伝えていきたいのは、前述した「物事を見る視点」と「感じる力」、そして、「考える力」です。考える力を育むために、さまざまなアクティビティーを実践しますが、サイエンスの時間も実験優先で授業が進みます。

例えば、「冷たい水と熱いお湯、氷を同時に入れたらどちらのほうが早く溶ける?」という質問を子どもに投げかけて、実際に実験をしてみます。大人にとっては簡単な問題ですが、そんなことを考えたこともない子どもにとっては難しい質問です。実際、「水」と「お湯」と意見は二つに分かれました。ここで大切なのは、「なぜ、そう思うか」。「水のほうが早く溶ける」と考えた子どもは「氷は水からできているから」「家で飲むジュースの氷は早く溶けるから」などと理由を言いました。対して「お湯のほうが早く溶ける」と答えた子どもは「暑いとなんでも溶けるから」「冷蔵庫から出したアイ

スクリームが溶けたから」などの理由を言います。友達の意見を聞いて、最初の答えを変える子どももいます。

そのうえでの実験です。結果、熱いお湯のほうが氷は早く溶けます。子どもたちは「へぇ〜」と思うのです。

まずは自分の意見を考えてもらい、それを言葉にして、結果（結論）を知る。このプロセスが非常に大事です。これは、日本では珍しい学習アプローチですが、欧米ではスタンダード。結果を覚えるだけではなく、結果を想像し、考え、それを言葉で表現する……。「考える訓練」とは、そういうことになります。

ほかにも「どんなものが水に浮いて、なにが沈むか」や「紙コップをピラミッド型に何百個も積み上げていちばん端の紙コップを外すと、どんなことが起こるか」の実験など、難しい実験ではなく、子どもの興味を刺激するテーマを選ぶことも大事です。必ず、実験の前に結果を想像して、意見を言ってもらう。そして実験、結果を知るというプロセスを繰り返します。

例えば「どんなものが水に浮いて、なにが沈むか」の実験をしているときに、教室にあるさまざまなものを「これも入れてみよう」と持ってくる子どもがいたり、自宅のお風呂でスポンジやタオルやシャンプーのボトルを湯船に入れて「これは沈む、これは沈まない」と言っている子どもがいるとも聞きました。これは、一つの実験が子どもたちの好奇心のスイッチを入れた結果です。

こうして、子どもたちの「好奇心」や「考える力」「物事を見る視点」が成長します。

ハロウィン、サンクスギビング、イースター……各国のイベントの意味も知る

英語を身に付けるためには、英語圏の国々の文化を知ることも大事です。同時に日本人のアイデンティティーを育むためには、日本の文化も学んでほしいと考えました。

例えば春は「節分」「ひなまつり」「イースター」「母の日」、夏は「父の日」「七

図 16　イベントの様子

夕」、秋は「ハロウィン」「サンクスギビング」、冬は「クリスマス」など、日本を含む世界各国の特徴ある行事を体験することで、子どもたちの感性は刺激され、同時に世界の国々の文化について知ることもできます。

特に日本以外の国のイベントに子どもたちは興味津々。春のイースターでは、園庭や近くの公園で手作りのバスケットを持って、うさぎになりきり、エッグハンティングをします。色とりどりの卵は保育士や講師が隠します。秋のハロウィンは子どもたちの大好きなイベント。思い思いの仮装をして、スクールのご近所に「Trick or Treat」と言いながらお菓子をもらい歩きます。冬のクリスマスは1年間で最大イベント。第4章で詳しく解説しますが、クラスごとに合唱や英語劇などを発表し、最後にはサンタクロースからのプレゼントタイムもあります。

こうした季節のイベントを通じて、子どもたちは外国の子どもたちと同じ体験ができます。同時にイベントの意味や手法にも興味を覚えます。

例えば「サンクスギビング」は、イギリスからアメリカに渡った清教徒（ピルグリム）たちが、アメリカでの最初の作物の収穫に感謝し、冬を越す知恵を授けてくれたネイティブアメリカンを招待して宴をしたことから始まったもの。現在でも家族が集まって七面鳥のローストをはじめとしたご馳走を囲み、収穫に感謝する、アメリカ最大のイベントです。イベントの意味や手法を知ることで、自然と「roast turkey（ローストターキー）」や「corn bread（コーンブレッド）」などの食べ物や「harvest（ハーベスト・収穫）」や「pilgrim（ピルグリム）」などのキーワード、「say grace（祈りをささげる）」や「give thanks（感謝する）」などの関連ワードも覚えていきます。

イースターやハロウィン、サンクスギビングなど、世界中の多くの人々が知るビッグイベント以外にも、オーストラリアのお祭りやカナダのお祭りなど、それぞれの国の講師たちが企画して子どもたちに紹介しています。こうしたイベントを経験することで、グローバルな感覚が育てられるのです。

3分スピーチ〝SHOW&TELL〟で自尊心を育む

日本人の苦手なことにスピーチがあります。大勢の前で話をすることに慣れていないことも原因の一つでしょう。自己主張が苦手なことも原因だと感じます。そもそも欧米のように学校教育のなかでスピーチやプレゼンテクニックを学ぶことがなく、日本語のスピーチも苦手なのですから、英語のそれとなればお手上げです。

しかし、スピーチやプレゼンができなければグローバルな社会では生き残っていけません。人前で話をすることは、経験することで上達します。

そこで〝SHOW&TELL〟という時間を設けました。

これは、子ども一人ひとりに「今日はあなたの日」と決めて、誰もが主役になれる時間を設けます。3歳児では、自分が好きなおもちゃを自宅から持ってきていい日。そして、そのおもちゃをみんなの前で自慢します。まだ英語がうまく話せない子どもも自分の好きなおもちゃの自慢となれば別です。少ない語彙を駆使して、皆に説明す

図 17　“SHOW & TELL”は順番制

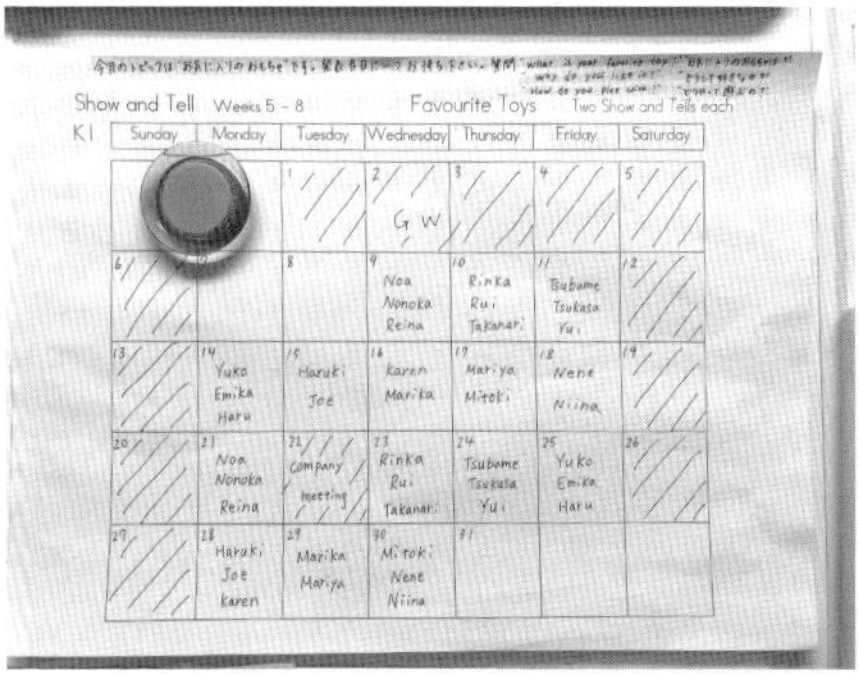

カレンダーに名前を記載し、発表日が分かるようにしている

る姿は誇りに満ちています。足りない部分は外国人講師が上手に質問をして、子どもたちが伝えたいことをうまく言えるように導きます。４歳児にも同じように自分の時間を与えて好きなことを話すようにしてもらっています。

一方、５歳児になると、テーマを与えて３分間スピーチをします。子どもたちを立派だと思うのは、発表までにテーマについて自分なりにきちんと調べてスピーチをより充実したものに仕上げてくること。たどたどしく自分のおもちゃを自慢していた子どもたちが、一つのテーマに対して考察も含めてスピーチする姿には感動します。話し出すと３分間では足りない子どもも続出して、３年間の成長が分かる一瞬でもあります。

この〝ＳＨＯＷ＆ＴＥＬＬ〟を子どもたちは楽しみにしていると保護者から聞きました。内気でおとなしい子も同様です。子どもたちは自分が注目を浴びることが大好き。大人も子どももみんなが自分の話に耳を傾けてくれる経験は、自尊心を生みます。子どもの成長にとって大切なことはいくつもありますが、自尊心を育てること、いわゆる「自分を愛せる心」「自分を信じる力」を育てることは非常に大切です。

オーストラリアの教育者が驚いた〝子どもたちの教養〟

こうした勉強を重ねた子どもたちは、英語力はもちろん、幅広い知識と教養を身に付けていきます。こんなエピソードがありました。

あるオーストラリア人講師のお母さんは、現地で幼稚園の園長先生をなさっている方。来日した際に、「キンダーキッズの学習を見学したい」と来園されました。一通りを見学したあと、5歳の子どもたちを集めて、オーストラリアの話をしてくれることになったのです。

彼女はオーストラリアのさまざまなことを子どもたちに教えようと考えていました。

最初に問いかけたのは「オーストラリアにいる動物って知っている?」

すると、子どもたちが、「カンガルー!」「コアラ!」「ワラビー!」「カモノハシ!」「ウォンバット!」と次々と答えていったのです。

彼女は驚いて、今度はオーストラリアの原住民アボリジニの話を始めました。すると、子どもたちが「アボリジニ、知ってる！」「聖地はエアーズロック！」「昔は洞窟に住んでた！」「自然を大切にするんだよね！」などと答え始めたのです。彼女は「オーストラリアの同じ年齢の子どもたちも知らないことをこの子たちは知っている。どうして？」と驚愕していました。そして「もし、私がイギリス人だったら、あの子たちはイギリスの話ができたの？」と聞いてきたのです。もちろん、答えはイエスです。

子どもたちはテーマ学習で「大陸」の勉強もします。3歳児では「アフリカ大陸」を学びますが、その理由は、アフリカにはたくさんの動物がいるから。動物は子どもたちにとって非常に馴染みの深いアイコンです。

そして1年をかけて、地球には6つの大陸と7つの海があることを学びます。そのテーマを追求する形で、4歳児、5歳児と学びは続き、3年間勉強を重ねた子どもたちは、世界の国々の位置や主要都市、世界遺産、それぞれの国の食べ物や気候、民族などの特徴を一通り理解しているのです。彼女は「この子たちが将来、どのような大人になるのか楽しみ。いい意味で末恐ろしい」と言ってくれました。

私が目指しているのは、単に英語ができる子どもたちではありません。多くの好奇心を忘れずに、幅広い知識を持ち、それを実生活に活かす術を知っている本当の意味での「教養ある人間」です。

誤解を恐れずに言うなら、英語がうまい下手は関係ないのです。前述したとおり日本人は音域のハンデもあり、欧米人と同じように英語を話すことはできないのかもしれません。英語はツール。完璧ではなくとも、ニュアンスまでをも含めて英語でコミュニケートできる程度に使いこなせればいいのです。もちろん、そこまでの語学力を身に付けるのは非常に難しいことではありますが。

「耳」「記憶力」「瞬発力」「理解力」「感受性」「好奇心」……さまざまなギフトを与えられた幼児期に「教養」の芽を植え、育むことが、私たちの目標であり、使命です。

第4章

マナーとしつけ、組体操、演奏会……日本式教育で英語がぐんぐん身に付くのはなぜか？

組体操、演奏会……
集団行動を通して「助け合いの心」を英語で学ばせる

欧米の教育では集団行動に重きを置きませんが、日本では幼稚園から集団で行動することを学びます。個性を大切にする欧米の教育、協調性を育む日本の教育、いずれも長所と短所がありますが、私は日本人のアイデンティティーを大切に考えて、カリキュラムにさまざまな集団教育を加えました。

例えば5歳で組体操（人間ピラミッド）を完成させるという目標のもと、週1回の体育の授業では基礎体力や柔軟性を育むメソッドを取り入れました。私の英語保育園の子どもたちは、普段から園庭や公園やジムなどで体を動かす楽しさを知っていますが、幼児期の体力作りはその後の運動能力をつかさどる大切な学びだと考えています。そうして培った運動能力を最年長の運動会で発表するのです。

組体操は、一人がバランスを崩しただけで形が乱れてしまいます。上になる子ども

図 18　組体操の様子

は、かなり高いところで立ち上がらねばならず、恐怖心もありますし、バランスを取るのに四苦八苦します。下になる子どもも、上に積み重なる子どもたちを支えなければいけません。あんなに小さな体で必死で踏ん張りながら、自分が崩れてしまったら、全員のバランスが崩れてしまう……というプレッシャーに耐え続けるのです。

腕や脚の力、バランス能力が必要ですし、恐怖心も伴う、5歳児にとってはとても困難な挑戦です。練習では失敗ばかり、そのプレッシャーや体勢のつらさで泣き出してしまう子どももいますが、誰一人、逃げ出しはしません。

子どもたちは組体操の練習を重ねるなかで、どんどん精神力を強くし、仲間を大切にする意識が目覚めるのです。講師も、大切な子どもたちにけがをさせてはいけないと緊張を保ちながら、指導を続けます。子どもたちにとっても、講師にとっても組体操は大きな挑戦なのです。

隣り合わせた子ども同士が協力し合い、その協調性がチームを結び付け、一つの形を作っていく、だからこそ成功したときの喜びもひとしおです。思うようにいかない練習を何度も繰り返し、「今年は完成形を披露できないかもしれない……」と講師たちが弱気になる年もありますが、不思議なもので、本番では必ず成功します。

単に体を使って一つの形を作るというだけでなく、「集団のなかで自分がいかに必要な存在か、あるいは自分だけが頑張っても成功することはない。だから友達の失敗を責めてはいけない、皆のために自分は頑張らなければいけない」など、子どもながらにさまざまな想いを体験し、プレッシャーに負けない精神力を培うためにも、組体操は有効です。

努力の積み重ねのうえに成功を見た子どもたちの達成感は計り知れません。その感動をインプットし、子どもたちの潜在能力を開花させるのが私たちの使命です。同時に私たち講師もこの上ない達成感を得る瞬間です。さらには、ここまで成長した子どもたちの姿に保護者の感動も止まりません。なかには涙を流す人もいます。

また、音楽演奏も集団行動を学ぶ大切なメソッドの一つです。4歳児からは日本語による音楽クラスをカリキュラムに加えて音楽演奏を本格的に学び始めます。最初は日本語の童謡を皆で歌ったり、音楽に合わせた手遊びをしたりします。リズムやメロディを体全体で身に付けたあと、5歳児ではいよいよ鍵盤ハーモニカや木琴、打楽器などを使った演奏と皆で声を合わせる合唱に挑戦します。

どんな楽器でも弾ける喜びは彼らを成長させます。さらに自分だけでなく友達とともに音を発し、1曲を弾けるとなれば、満足感も高く、自信にもなります。オーケストラ顔負けの深い音色になったときの興奮は、子どもたちにも分かるのです。

練習の成果を家族に披露するクリスマスコンサートは毎年大盛況。大きな目標をクリアした子どもたちは皆、誇らし気です。

「組体操」も「合唱」も「合奏」も、欧米の幼稚園（プリスクール）にはありません。ゆえにカナダ校では、子どもたちが一つになって体操をしたり、楽器を奏でる様子を見て、カナダ人の保護者がスタンディングオベーションで「素晴らしい！」を連発します。「キンダーキッズに入れば、組体操や演奏をさせてもらえる」と入園を希望する保護者もいるくらいです。

こうした集団行動は、「他人に迷惑をかけない」「自分の行動に責任を持つ」「みんなのための自分の役割を知る」などの学びになります。最初は集団行動の意図が理解できない子どもたちも、徐々に「自分はどんな仲間と一緒に行動をしているのか」「このトライではなにを求められているのか」「ならばどのようにすればいいのか」を判断できるようになるのです。

そして努力を重ねます。なぜなら、自分が努力をしなければ、周りの友達に迷惑をかけてしまうからです。まさにラグビーで言う「One for All, All for One」（一人はみんなのために、みんなは一人のために）の精神です。

こうした集団行動を成功させた子どもたちは、一様に大人になります。集団行動は個性をつぶす、指示待ち人間を生むなどの批判もありますが、それを凌駕《りょうが》する学びがあると感じます。なにより「一つの目標に向かって、みんなで協力する」「助け合いの心を大事にする」という日本人の美徳を身に付けるチャンスなのです。

日本文化に合わせた英語教育は子どもたちに馴染みやすい

私の英語保育園では、日本の幼児教育で取り組んでいることもカリキュラムに加えています。

例えば、指先の細かい動きを促す「Fine Motor Skills」を鍛えるのもその一つです。幼児期の脳の発達に、多大な影響を及ぼすとされる指先の微細運動能力を育てるために、ハサミで細かく切ったり、紐に小さなビーズを通したり、洋服のボタンをかける練習をしたり、紐をリボン結びにしたりします（図19）。

こうした手先を動かすレッスンをカリキュラムに加えたいと提案したのは日本人の

図 19 「Fine Moter Skills」を鍛える様子

講師。子どもの脳の育成に効果があることや、日本人に向いているレッスンだと分かっているのでしょう。

実際、子どもたちは自分なりの工夫をしながら、楽しくカリキュラムを進めています。これらも、もちろん英語で展開するのですが、興味のあることに取り組んでいると、子どもたちはいくつもの疑問が湧いてきて、それを英語にしようとします。そのなかで語彙が増えていくのです。

英語習得の一つのポイントとして「興味のある分野を取り組ませるなかで英語力を養う」というシンプルなテクニック

があります。経験による推察ですが、日本人の子どもたちは、日本人が得意としていることや日本文化に即したものに取り組んでいるときに英語が身に付きやすく感じます。英語学習と同時に、広義でいえばこれも、アイデンティティーの育成につながるのかもしれません。

保護者に向けた評価表で子どもの成長が確認できる

欧米の幼稚園の多くでは、子どもたちを自由に遊ばせています。カリキュラムに教育的な要素を組み込むケースはほとんどなく、就学前の子どもたちは遊ばせることこそが大事と考えているからです。確かに、この時期の子どもたちは遊びから学ぶことが多いため、アカデミックなことを遊びから学べる工夫をしています。

一方、日本では、教育的要素をカリキュラムに加える幼稚園が増えてきました。以前は「文字学習は小学生になってから」という暗黙の了解があったのですが、最近、

図 20　成長記録表「ポートフォリオ」

KINDER KIDS
K3 Learning Portfolio

Social Skills
社会性

	Term 1	Term 2	Term 3
Demonstrates co-operative behaviour 協調性			
Works well in groups グループで協力する			
Shares and takes turns 順番を守ったり共有ができる			
Helps to tidy the classroom and equipment クラスの片付けを積極的にする			
Responds appropriately to their peers お友達と適切なやりとりをする			
Solves problems 問題解決能力			
Attempts to solve problems independently 自分で問題を解決しようとする			
Understands the concept of compromise 相手を理解し折り合いをつけることを理解する			
Says 'I'm sorry' when necessary and without assistance 必要なときに「ごめんなさい」が自らいえる			
Attempts to works with others to solve group problems 友達と協力して問題解決をしようとする			
Respects others 友達を尊重できる			
Listens to peers and teachers 担任や友だちの話を聞ける			
Shows an awareness of others' feelings 友達の気持ちを理解しようとする			
Demonstrates good manners マナー			
Uses terms such as 'Please', 'Thank-you' and 'Excuse me' 「Please, Thank you, Excuse me」などのマナーの言葉が自然に出る			
Waits for others お友達を待つよう心がける			
Understands self 自己表現と理解			
Communicate own feelings 自分の気持ちを伝える			
Understands that there are consequences for their actions 自分の行動が周りに影響することを理解する			

C = Consistently よくできました
S = Sometimes できました
R = Rarely がんばりましょう

上：成長記録　社会性

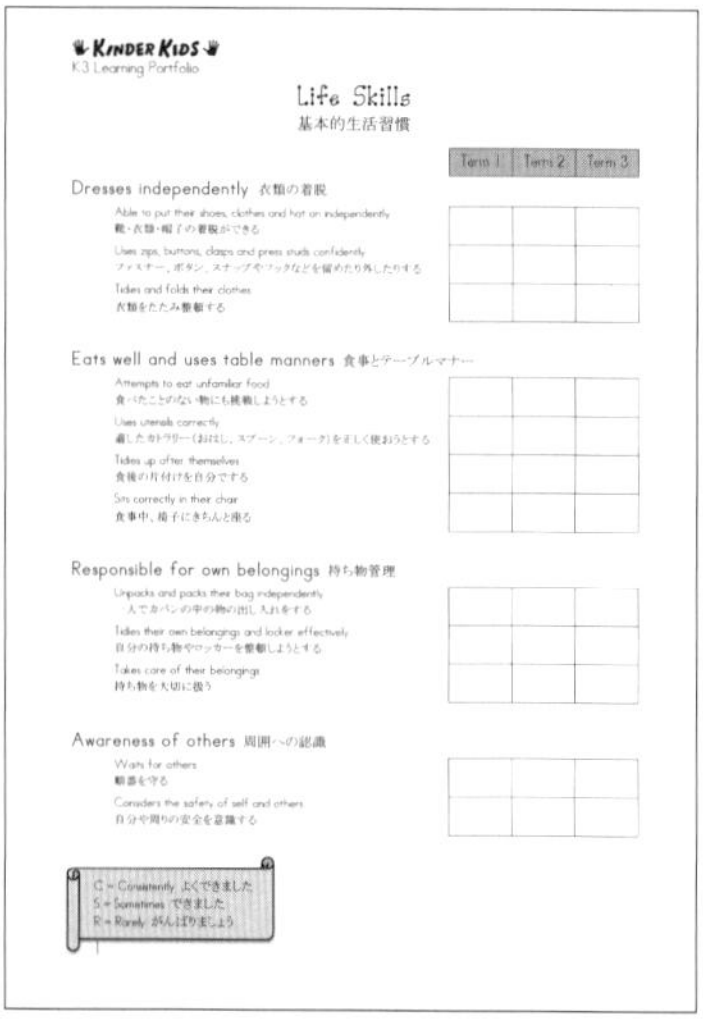

KINDER KIDS
K3 Learning Portfolio

Life Skills
基本的生活習慣

	Term 1	Term 2	Term 3
Dresses independently 衣類の着脱			
Able to put their shoes, clothes and hat on independently 靴・衣類・帽子の着脱ができる			
Uses zips, buttons, clasps and press studs confidently ファスナー、ボタン、スナップやフックなどを留めたり外したりする			
Tidies and folds their clothes 衣類をたたみ整頓する			
Eats well and uses table manners 食事とテーブルマナー			
Attempts to eat unfamiliar food 食べたことのない物にも挑戦しようとする			
Uses utensils correctly 適したカトラリー（おはし、スプーン、フォーク）を正しく使おうとする			
Tidies up after themselves 食後の片付けを自分でする			
Sits correctly in their chair 食事中、椅子にきちんと座る			
Responsible for own belongings 持ち物管理			
Unpacks and packs their bag independently 一人でカバンの中の物の出し入れをする			
Tidies their own belongings and locker effectively 自分の持ち物やロッカーを整頓しようとする			
Takes care of their belongings 持ち物を大切に扱う			
Awareness of others 周囲への認識			
Waits for others 順番を守る			
Considers the safety of self and others 自分や周りの安全を意識する			

C = Consistently よくできました
S = Sometimes できました
R = Rarely がんばりましょう

下：成長記録　生活技能

ひらがなは幼稚園で身に付けるという教育がスタンダードになってきています。それについての是非は別の機会に譲るとして、私の保育園では、英語と日本語の学習とともにサイエンスや算数、体育や音楽、そしてさまざまなテーマ学習を学びます。

これはひとえに「子どもの学びたい気持ちに従っている」からです。子どもが学びたい気持ちを持っているのに、私たちがそれを無視することはできません。もちろん、彼らが学びたいと考えていないことをこちらから押し付けることもしません。

私たちが子どもたちに行うのは、好奇心のスイッチを押すこと。前述したとおり「質問力」を駆使して、適正なタイミングで絶妙な質問をする……子どもたちの好奇心の芽を育むことが、私たちの仕事です。

そのなかで私たちの予想をはるかに超えて、子どもたちの学びたい心は育っていきます。その記録を保護者にも知ってもらいたいと始めたのが「ポートフォリオ」、分かりやすく言えば成長記録表です（図20）。

体育や音楽、遠足や各種体験型学習など、日常のカリキュラムの成果を写真で残すとともに、それぞれについての評価を学期ごとに知らせます。「鍵盤ハーモニカを上手に吹けています」「サイトワーズをこれだけ覚えました」という具合です。写真で見ると、成長が一目瞭然、非常に分かりやすいので好評です。

同時に、生活習慣についても評価をお知らせします。例えば「後片付けがきちんとできます」「順番を守って行動ができます」「グループで協力して一つのことを成し遂げられます」など、○△×の3段階でシンプルに評価しています。

こうした細かい成長記録表がある園は、日本でも珍しいと思います。海外ならなおさら。ポートフォリオを作るためには講師の努力も必須なので、カナダ校の保護者からは「（日本の教育では）こんなことまで細やかに目を向けてくれているのか……」と驚かれました。

こうした成績表を作るのも日本式教育の一つ。スクールでの様子を保護者と共有できるのはもちろん、子どもがどのレベルまで到達しているのかが分かるので、自宅学習のヒントにもなります。とりわけ、生活習慣については自宅で学ぶところが大きく、改善すべき点が分かるのは保護者にとっても有益です。また、子どもたちにとっても自分が英語保育園でなにをしてきたかを振り返る学習になります。自分がどれだけ成長したかを感じることが、子どもの達成感を刺激するのです。その意味でも、ポートフォリオは意義ある成長の記録です。

英語で学ぶマナーとしつけで、日本の常識をより理解する

繰り返しになりますが、私たちが育てたいのは、「外国人のような日本人」ではありません。創業以来、バイリンガルで広い視野を持った国際感覚のある子どもを育てたいと考えてきました。

そうした観点から「マナー」や「しつけ」についても、指導を重ねています。というのは、いわゆるインターナショナルスクールは、「規則」が緩やかな傾向にあるからです。それを「自由」「子どもの個性をつぶさない」「自主性を重んじる」と表現することもできますが、私は子どもたちが、小学校で日本の学校を選んだ場合、集団で浮いてしまう存在にならないように憂慮《ゆうりょ》しています。

例えば、日本の教育現場であれば、廊下を走り回る子どもを諭さないことはありません。授業中に周りを気にせず大声を発する行為も許されません。使った道具をそのままにしておいて黙って見過ごすこともありませんし、自分たちのバッグをあちこちに置いてOKとはいえません。

何事にも礼節を重んじる日本人の気質を堅苦しいと見る傾向もありますが、礼儀正しく気持ちが良いと感じる、それが日本人のアイデンティティーです。そのマインドを大切に、対した人を不愉快にさせない、周りの気持ちを慮《おもんぱか》る「しつけ」と「マナー」の教育を徹底します。

まずは、整理整頓と挨拶です。登校して自分のバッグを決まった位置にきちんと置いたら、先生や友達に大きな声で「Good Morning!」と挨拶をします。園内で会った人にも「Hello!」を忘れません。ランチの前には「Thank you for the food!」の掛け声とともに「いただきます」の歌を歌います。1日の締めくくりには「Good bye See you tomorrow!」と締めくくります。挨拶を交わすなかで、互いの距離が縮むことや相手を大切に思っている、あるいは相手を認めていると表現すること、なにより挨拶をすると自分も気持ちが良いという感覚を身に付けます。

授業の前には、日本式に「起立」「礼」「着席」も欠かしません。

また、多くのインターナショナルスクールでは、講師を含め、友達のことはファーストネームで呼びます。「先生」はもちろん、「ちゃん」や「君」も付けません。創業当初、違和感なく、そうした呼び方をしていた子どもたちが、小学校に上がった瞬間に先生に叱られたり、友達に拒否されたりしたことがあったと保護者から聞きました。

ですから、園内でそういう呼び方をしていても、「小学生になったら、先生には先生を付けて、お友達が嫌がったら『ちゃん』や『君』を付けること」と教えるようになりました。子どもにまったく悪気がなくても、日本の常識外ということはあります。

ほかにも、運動や遠足の際には整列をすることや、前述した「SHOW&TELL」で発言するときには手を挙げること、靴を揃えて脱ぐことや椅子をしまうこと、授業が始まるときは「先生、よろしくお願いします」、終わったら「先生、ありがとうございました」と言うなど、いわゆる日本式のマナーを正しく教えていきます。

こうしたしつけは3歳から始まりますが、本格的に学んでいくのは5歳からです。

そのころになると、子どもはスクール以外の経験も増えて、「外国ではいいけれど、日本ではしてはいけないこと」が分かり始めます。

グローバルな感覚を育てるのと同時に、日本人としてのマナーや立ち居振る舞い、常識を学ぶことも非常に大切です。

言葉はアイデンティティーを育む

私が必ず外国人講師に言うのは、「まず日本人の心を知る努力をしてほしい」です。教えているのは「英語」や「アカデミックな内容」ですが、教える相手は「日本人の子どもたち」、育てたいのは「グローバルな感覚を持った日本人」です。

語学というのは面白いもので、アイデンティティーと深く直結しています。

英語は「主語」のあとすぐに「動詞（述語）」が来ますが、日本語は「主語」のあと、さまざまな言葉が入ったあと、最後に「動詞（述語）」が来るのです。ですから、英語と違って日本語は最後まで話を聞かないと理解できない場合があります。

こうした文章の組み立て一つを取ってみても、英語を主言語とする欧米人と、日本語を主言語とする日本人のものの考え方に違いがあることが分かります。生まれたときから、主語のあとすぐに動詞が来る英語で話をしてきた人間は、結論を急ぐでしょうし、無駄なことを嫌うでしょう。話が分かりやすいので論理的でもありますし、ストレートな物言いのほうが好ましいと感じるはずです。

対して、生まれたときから、主語のあとにさまざまな言葉を入れて結論にたどり着く話し方をしてきた日本人は、話の本質を言うよりもニュアンスのなかから物事をくみ取ってほしいと思いますし、あいまいな物言いはマナーだとも感じています。厳しい結論を告げる前には必ず、良い点を入れたり、あなたのせいばかりではないというエクスキューズ（弁解）を入れたうえで話をすることが優しさと思っているはずです。

私は若いころ、外国に行って英語を話す人たちのオーバーアクションに戸惑ったことがあります。日本人はあんなに身振り手振りを加えて話す人はいないのに、外国人はどうしてあんなに表現豊かに手を使うのだろう。そんなふうに思ったのですが、英語を仕事とする今、英語は表情豊かに身振り手振りを入れて話すほうが話しやすい言語だという事実に気づきました。日本人である私でさえ、英語を話すと自然と表情豊かに身振り手振りを加えていることがあるのです。対して日本語は比較的静かに話すほうが話しやすい言語です。

それぞれの言葉を幼いころから使っていれば、英語を話す人はアグレッシブに、日本語を話す人は大人しい傾向が強くなるでしょう。性格も主言語によって、おのずと違ってくるはずです。

言葉を知ることとは、その言語を話す人のアイデンティティーを知ることでもあるのです。ですから、私は外国人講師に「日本人の心を知ってほしい」「その努力をしてほしい」と伝えるのです。それは「日本語を話す」ことからでも「日本食を食べる」ことからでも構いません。もっと日本や日本人を知れば、同じ英語を教える行為でも、おのずと日本人に合った指導ができるはずです。

日本人のアイデンティティーを育てる日本語教育も必須

前述したように、言語はアイデンティティーを確立する大きな要素の一つです。であるならば、英語を学ぶインターナショナルスクールでも、日本語をないがしろにしては、日本人としてのアイデンティティーを育めないと考えました。二つの言語を同時に学んで、最初はいずれか片方がたどたどしくても、中学生になるころには両言語は同等レベルに成長するという学術的な論文を読んで、自信を持って日本語も教えるべきだと考えたのです。

また、創業して間もないころに卒園児の保護者から「英語は話せるけれど、同年齢の子どもに比べて日本語の力が足りない」と指摘されたことも、日本語教育もカリキュラムに入れなければいけないと考えた理由です。

日本語学習クラスでは「読み・書き・計算」を学びます。自宅では日本語で生活する子どもが多いので、聞き・話す部分は身に付いている場合が多いのですが、難しい

図21　５歳児の絵日記と俳句

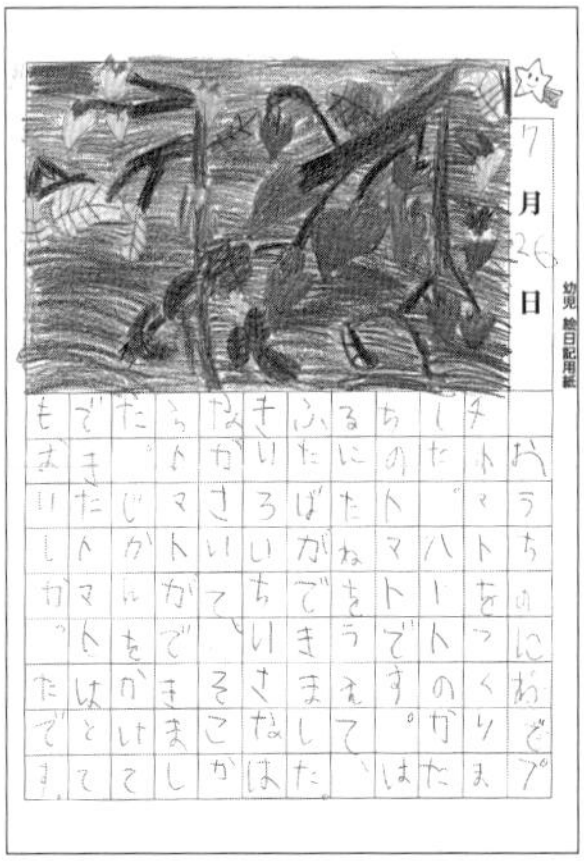

絵日記

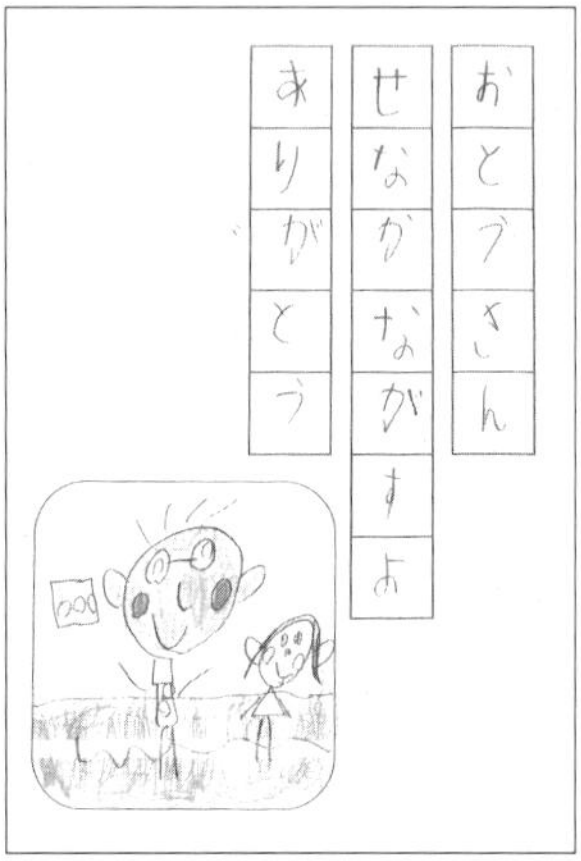

俳句

のは読むことと書くこと。このあたりは英語も同様、どの言語も難しいのは「読み・書き」なのです。

幼児期に習得すべき「読み」については、英語同様、さまざまな絵本を読むことで、楽しみながら「ひらがな、カタカナ」を覚えていきます。なかには俳句や詩の本など接する文学はさまざまです。多くの本に触れることで、日本語のリズム感や言い回しを覚えていきます。また、日本は四季のある国。季節の変化を感じることや季節ごとの行事などを学びながら、日本人独特の感性を磨いていきます。

特に「書き」に関しては、その感性が

活かされるフィールド。5歳になると自由に作文を書き添削を受けることで、正しい日本語、美しい日本語を身に付けていきます。自分の想いをまとめる作文では、全国規模のコンクールに応募する生徒も多く、毎年複数名が入賞しています。

日本語の学習時には、同時に日本の礼儀作法も学びます。「始まりの礼・終わりの礼」、「文字を書くときの正しい姿勢」など、子どもたちはどんどん吸収していきます。また5歳になると、日本語と英語を混在するようなことはなくなり、それぞれの言語の語彙も膨らんで、日本語だけでそれぞれの世界を表現することができるようになります。

日本語と英語、二つの言語を正しく知ることで、日本人としてのアイデンティティーを育むのはもちろん、英語圏の人々の考え方を知ることもできます。それは多文化を受け入れる心を持つことでもあります。これこそがグローバルな人間の素養を養うことだと確信しています。

英語で学ぶ「算数」はシンガポールメソッドでゲーム式に

算数についても英語で学びます。日本人が古くから教育メソッドとして続けている「読み・書き・計算」を同時に教えるのが日本語学習クラスです。

幼児期の算数については、欧米ではそれほど重きを置いていません。既存のインターナショナルスクールで学ぶ子どもは、同じ年齢の日本人の子どもに比べて、算数の能力が低く、中学や高校から日本の学校に転校する場合、その部分をフォローするのが大変です。

小学校から日本の学校に進学することが多い私の英語保育園の子どもたちには、ある程度の算数の力を付けておきたいと考えました。計算に長けているのも、日本人のアイデンティティーの一つです。

3歳では、幼児教室などで実施されている「算数ゲーム」を学びます。数字の概念を知ることと知能テストに似たさまざまな絵を順番に見せて、例えば「最初の絵はどれ？」「同じ種類のものをまとめて」「絵はどういう順で並んでいる？」などという、小学校受験に出るいわゆる〝パターンの練習〟です。

4歳からは、第2章で紹介したように日本とシンガポールの学習法を学びます。シンガポールでは十進法を使って計算をする独特な計算手法を学んでいます。世界で実施される算数の試験で、数年前にシンガポールが日本を抜いて1位になった際、そのメソッドを知りたくて、講師をシンガポールに派遣しました。

前述しましたが、そこで知った計算のシンガポールメソッドに目を見張りました。当時小学4年生だった私の息子は、繰り下がりの筆算を1問解くのに、1分強かかっていました。繰り下がりの筆算は子どもにとっては複雑で、時間のかかるものなのです。ところが、シンガポールメソッドを使って計算をしたところ、たったの20秒で解けたのです。

これは素晴らしい！　と英語保育園の子どもたちにも教えたいと考えましたが、まだ幼児。難しい筆算レベルの計算まで学ぶ必要はないと、正式なカリキュラムには加えませんでした。ただし十進法の概念を身近に感じられるように、簡単に説明はしています。

そのほか、小学校から本格的に学ぶ算数のプレレッスンとして、数字の概念と足し算、引き算のいわゆる計算を学びます。子どもたちはゲーム感覚で計算を身に付けていきます。

英語圏で「日本式・インターナショナルスクール」を作った理由

2014年9月にカナダ校を開校しました。

英語保育園を海外で開校したいという想いは、ずいぶん前からありましたが、それは漠然とした夢でした。そんな私の意識を現実的なものに変えたのは、卒園児の保護者からの言葉です。

「キンダーキッズに通っていた当時はあんなに楽しいと毎日元気に通っていたのに、小学生になってグラッドクラブ（卒園児を対象とした英語スクール）に行くのはイヤだと言うのです。嫌がる子どもを無理に（グラッドクラブに）通わせることはストレスになるので、残念ですが、辞めさせていただきます」

そのころの子どもたちは、親に「どうして英語を勉強しなきゃいけないの？」と尋ねます。ほとんどの子どもたちが小学生になると、その疑問を抱くようです。それも当然です。周りはみんな日本人で、日本語さえ話せれば日常は成り立ちます。せっかく保育園時代を英語漬けで過ごして、英語を使う楽しみを知っていても、日々の生活には活かせません。英語を学ぶ理由を「将来、英語があなたの強い武器になるから」とか「大人になったときにグローバルな感覚を持ってほしいから」と話しても、小学生になったばかりの子どもには、意味が分かりません。

子どもの学習意欲は理屈ではないのです。楽しくなければ意味はありません。どうすれば、卒園児たちのモチベーションが上がるのかを考えて、たどり着いた答えが「英語を話す同世代の友達がいること」でした。英語でコミュニケーションを取りたいと、子どもたち自身がそう思える相手が必要だと気づいたのです。

そのためには、英語圏にも保育園を開校して、現地校に留学ができるシステムを整えればいいのでは？　と思い至りました。私の英語保育園に通う子どもたちや卒園児は、希望があればカナダ校で学べる。同時に留学できずとも、スカイプなどのビデオ通話を利用すれば、オンタイムで英語圏の子どもたちとつながれる。同じ制服を着て、同じテキストを使って、外国の子どもたちと同じ勉強をし、議論ができる。「同じ学校で学んでいる」という帰属意識も芽生えます。

そうするなかで気の合う外国人の友達も生まれ、保育園で芽生えた友情を個人的に育んでいける。夏休みにカナダの友達に会いに行ったり、冬休みにカナダから友達がやって来たりなど、関係性を深くしていくことができます。こうした仕組みをグラッドクラブに至るまで続けたいと考えています。

保育園時代に外国の友達とそうした友情を培えたなら、卒園後も引き続き英語を学びたいと考える子どもが増えるのではないか？　それが英語圏にも開校した第一の理由です。

英語の本場で「日本式・英語カリキュラム」が評判になる

第二の理由として、「私たちが実践している英語教育が英語圏でどれくらい通用するのか？」という疑問の答えが知りたい、というチャレンジ精神にも似た想いがありました。自らのカリキュラムやメソッドに自信はあったものの、果たしてこれが英語圏でも通用するのか……それを知りたかったのです。

結果、開校してから2年足らずで200人のキャンセル待ちが出るほどの人気校になりました。

その最大の理由は、英語のカリキュラムの充実です。日本では小学校入学前にひらがなやカタカナを書ける子どもが普通で、子どもたちは幼稚園や保育園でも絵本を読んでいますが、カナダでは今でも文字を覚え、書くことは小学生になってからがスタンダードです。

私の英語保育園では、日本でもカナダでも「卒園までに小学2年生レベルの英語力を身に付ける」ことを目的にしていますから、3歳児から「ABCを勉強します」「フォニックスやサイトワーズを覚えます」という教育は、カナダの「早期教育」に値します。

子どもの好奇心を育てる「テーマ学習」も注目されています。日本同様、子どもたちが「人体」の話をしたり、「宇宙」の話をしたりすることは、保護者たちに嬉しい驚きを与えました。

カナダ校でも日本校のカリキュラムをそのまま学ぶことが、結果、先取り教育になり、子どもたちの学びの芽を育むことが分かりました。カナダ校の卒園児のなかには、小学校入学と同時に飛び級をする子どもがいることは前述したとおりです。

組体操や演奏会……日本教育の深さにカナダ人も共感

私たちは、日本校と同じ教育をしているのですが、結果、カナダ人の保護者からは

「日本から早期教育のものすごいプリスクールが来た！」と評判が広がりました。評判になった理由は、そうした英語教育のメソッドのほかにも、日本式の教育システムによります。

カナダは基本、個性を大切に育む教育がなされますが、私の英語保育園では、みんなで合奏や合唱をしたり、組体操をするなど、集団行動を学びます。DNAレベルで集団行動に慣れている日本人の子どもたちと違って、個人主義が行き届いているカナダの子どもたちが集団行動を取れるのだろうか、という不安もありましたが、実際にトライしてみると、子どもたちは実に伸びやかに取り組みます。

日本の子どもたち同様に、集団行動のなかで「他人に迷惑をかけない」「自分の行動に責任を持つ」「みんなのための自分の役割を知る」など、これからの人生の糧になるであろう人として大切なことを知り、その思いを育む姿は誇らしく、また、一人で得る達成感とは別の達成感を知ることで、子どもたちはひと回りもふた回りも成長します。これらの集団行動は、パフォーマンス的要素も強いので、発表時の保護者たちの驚きと喜びは相当なもの。感情を表に出す欧米人ならではの反応が、子どもたちのモチベーションを引き上げました。

さらには「しつけ」や「マナー」の面も日本校と同じアプローチをします。カナダの幼稚園や保育園の基本的な方針は、教育的な観点というよりも、ひたすら自由に遊ばせることですから、「早期英語教育」と「人の心を育む集団行動教育」、そして「マナー」までも学べる幼稚園は、カナダ人の保護者に新鮮な驚きを与えたようです。

カナダ校ができるまで

実は海外進出を考えたとき、最初はアジア圏での開校を考えていました。日本で「日本式・英語保育園」が認められたのだから、アジア人には受け入れられやすいのではないか、と思ったのです。そこで考えたのが、お隣の国、韓国です。韓国の教育熱・英語熱は周知のこと。加えて欧米に対する憧れも、日本人と共通していると感じました。

ところが当時、韓国では反日感情が強くなり、日本企業が進出するのは難しい状況になっていました。さらに韓国では、日本から来たインターナショナルスクールより英語圏の国から来たインターナショナルスクールのほうが求められているのではないか、という判断のもと、韓国進出は諦めました。

ならば、海外第一校はどの国にすべきか……。アジアのほかの国々も考えたのですが、発想を１８０度変えて、英語圏で勝負に出ようとひらめきました。私たちのカリキュラムやメソッドが、英語の本場でどう評価されるのか、知りたかった気持ちもあ

りました。普通なら「英語を学ぶ」インターナショナルスクールを「英語の本場」に持っていこうとは思わないでしょう。しかし、その逆転の発想に私の心は躍りました。

前述したように「英語圏にキンダーキッズがあれば、日本の在校生との交流ができる」「英語圏で成功したなら、アジアに開校する際の説得力になる」「英語圏の子どもたちが日本校の子どもたちと同じ制服を着て、英語はもちろん、日本式の教育を受けるのは、斬新！」……。

こういったさまざまな理由が重なって、英語圏進出の輪郭がはっきりとしてきたのです。そして、海外第一校に選んだのが、カナダでした。カナダは私が初めて留学をした国。シンパシーを感じる大好きな国でした。

２０１１年、現地のコンサルティング会社の協力を得ながら、設立場所をオンタリオ州南部、トロントの隣町のミシサガ市に決定し、建物と園庭を建設しました。カナダには認可外保育園はなく、すべてが認可保育園です。設備を整え、必要な人数の講師を雇った園だけが、認可保育園に申請できます。それで許可が下りなかったら……という不安もありましたが、規則なので仕方ありません。

必要な準備は完璧に整え、満を持して認可を申請しました。担当のコンサルタントは「早くて3カ月、長くても6カ月で認可は下りると思います」と言いました。

毎月の必要経費を考えると気が遠くなる思いでしたが、カナダの規則であれば仕方がありません。今か今かと認可を待ち続けること2年。開校できないまま膨大な建築費用のローンと人件費を払い続けました。もちろんその間、私たちになにか不備があるのか、認可が下りない原因はなにか、コンサルタントを通して聞き続けていましたが、納得のいく回答は得られないままでした。長くて半年と言われていた認可が、2年経っても下りない状況に、さすがの私も「これは縁がなかったのかもしれない……」と思い始めました。

すでに膨大な経費をかけているプロジェクトであること、海外進出の夢の第一歩であったことなどを考えると眠れない夜が続きましたが、結局、私は諦めることができませんでした。ここでカナダのプロジェクトを辞めてしまったら、二度と海外進出はできない。ここで諦めたら負けだ、と私は気持ちを奮い立たせました。

もう一度、なぜ認可が下りないのかを調べると同時に、認可を得るためには誰に会えば効果的かを調査しました。そのなかで知ったのが、保育園を開園する予定にしていたミシサガの市長が来日するという情報でした。「千載一遇のチャンスだ！　このチャンスを逃したら、あとはない」そう感じると同時に動き出したのは私の性分です。

この情報をくれたカナダ商工会議所の方にお願いし、市長の来日時に東京だけでなく大阪にも足を運んでほしいと伝えてもらいました。「ただ、来てほしい」だけでは失礼ですし、魅力がないと考え、大阪の経済人やカナダ商工会議所の方々も招いた数百人規模のパーティーを開催しようと企画したのです。

すると、市長から「大阪に向かいます」と返事をいただきました。ミシサガの市長は当時92歳のミセス・ヘーゼル。36期連続当選でギネスにも載る、カナダで知らない人がいないほどの有名政治家です。パーティー費用を私が持つ代わりに、彼女と1時間会談をする時間を設けてほしい、と仲介してくださった方にお願いし、承諾を得ました。ここが勝負。彼女との会談で、必ずカナダ校開校を決めたいと私は背筋を伸ばしました。

そして当日。初めてお会いしたミセス・ヘーゼルは、貫禄のある知的な女性でした。

私は、自分がカナダに留学をしていたこと、カナダに育ててもらったと考えていること、その恩返しの気持ちもあって、日本で成功した教育メソッドをカナダに持っていきたいと考えていることを一気に話しました。そして、情熱はあり、準備も整っているのに、認可が下りずに困っていると相談をしたのです。とにかく必死でした。

彼女は黙って私の話を聞いてくれて、そして言ったのです。

「ミシサガ市には現在82の日本企業が進出しています。あなたの会社を83番目の企業として迎えることをこの場でお約束します」

私は震えていました。彼女の秘書でしょうか、そばにいた男性を紹介してくださり、彼の名刺を私に差し出して「今後、なにかあったら彼に言ってください」と言いました。

後日、早速、彼と連絡を取って動いていただいたのですが、そうするとあっけなく認可が下りたのです。理由を聞くと、その時期はキンダーキッズだけでなく、多くの保育園・幼稚園の認可が下りていなかったそうです。なかには倒産をした気の毒な園もあったようですが、その理由は単なる担当者の怠慢。担当者がまったく動いていなかった、ただそれだけの理由でした。ミセス・ヘーゼルのトップダウンにより、その後、問題は改善されましたが、なんとも迷惑な話です。

こうして無事に認可は下りましたが、次の難題は監査でした。

当然ではありますが、安全な保育園・幼稚園を開業させなければいけないわけですから、カナダの監査は非常に細かいものでした。チェックを受けた部分は即刻改善し、また1カ月後に監査を受ける……。それを何度も繰り返しました。気の遠くなるような取り組みでしたが、監査のたびに指摘される改善点をクリアしていくことで、上質なスクールに近づいたことは確かです。

これが、2014年春から夏にかけての話です。

カナダにキンダーキッズを開校しようと動き始めて丸3年。9月1日には開校したいと、ギリギリまで監査で指摘された問題点をクリアしながらも、入園する子どもたちの募集を始めていました。

日本での活動を映像で紹介しながらカリキュラムを説明すると、カナダの保護者に大好評で、あっという間に定員が埋まりました。入園する子どもたちは決まっている

図22　キンダーキッズ　カナダ校

のに、最終監査がまだ通らない。もしも開校できないまま9月1日を迎えたら、保護者や子どもたちにどうお詫びをすればいいのだろうか……。胃が痛む状況でしたが、まさにギリギリの8月31日の夜中に、現地の講師から、「すべての条件をクリアしました！」という連絡が入ったのです。これぞ、間一髪のギリギリセーフでした。こんな綱渡りはもう二度と経験したくないと思いましたが、今となっては良い思い出でもあります。

そしてなにより誇らしかったのは、担当者から見せられた評価表のすべての項目が100点だったことでした。担当

図 23　カナダ校認可証明書（左）とカナダ校開校前監査結果（右）

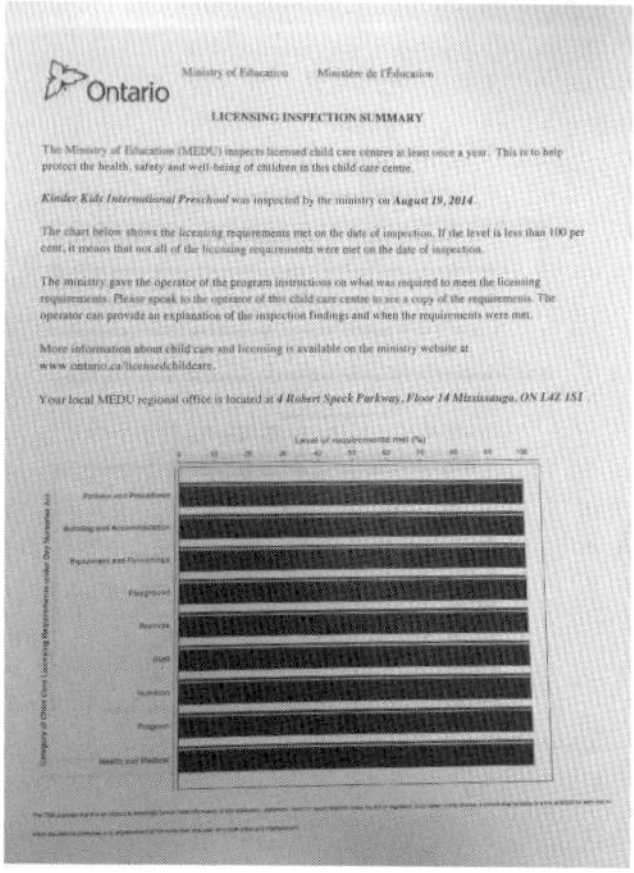

Ontario　Ministry of Education　Ministère de l'Éducation

LICENSING INSPECTION SUMMARY

The Ministry of Education (MEDU) inspects licensed child care centres at least once a year. This is to help protect the health, safety and well-being of children in this child care centre.

Kinder Kids International Preschool was inspected by the ministry on ***August 19, 2014***.

The chart below shows the licensing requirements met on the date of inspection. If the level is less than 100 per cent, it means that not all of the licensing requirements were met on the date of inspection.

The ministry gave the operator of the program instructions on what was required to meet the licensing requirements. Please speak to the operator of this child care centre to see a copy of the requirements. The operator can provide an explanation of the inspection findings and when the requirements were met.

More information about child care and licensing is available on the ministry website at www.ontario.ca/licensedchildcare.

Your local MEDU regional office is located at ***4 Robert Speck Parkway, Floor 14 Mississauga, ON L4Z 1S1***.

者は「いまだかつて、こんな幼稚園はなかった。あなたの幼稚園は間違いなく人気の幼稚園になると思う」と言ってくれました。

　あれから4年。カナダの担当者の予言どおり、キンダーキッズカナダ校は人気の幼稚園となりました。2年間、認可が下りず諦めかけたとき、もう一度奮起して活路を見い出したことを思い出すと、自分で自分を褒めてあげたいと感じます。難産だったカナダ校ですが、それはキンダーキッズの世界進出という大きな夢を実現する確かなステップボードになりました。

第5章

日本式の英語教育なら、礼儀正しく思いやりのある国際人が育つ

卒園後も英語力を維持向上するための「グラッドクラブ」

開校当初、保育園を卒園するまで英語漬けの日々を送っていた子どもたちが、日本の小学校に就学した途端に「英語力が落ちてしまった」という保護者からの声を受け、卒園児を対象とした「グラッドクラブ」を設立しました。

これは、海外で暮らす日本人の子どもたちが通う補習学校のようなものです。放課後や土曜日に受講ができる全校共通のシステムで、現在受講生は1000人を超えました。

前述したとおり、小学2年生レベルの英語力を身に付けた子どもたちは、日本の学校に進学して一時期英語から離れたとしても、一度備えた英語力は変わりません。しかし、毎日英語漬けだったときと比べれば、会話力は衰えてしまいます。英語を話す機会を急激に失うため、会話力が落ちるスピードは速く、その傾向は卒園から1年を待たずに見られます。会話力は、機会に恵まれないと維持が難しいのです。

そうした傾向を踏まえ、グラッドクラブではカンバセーションクラスや自宅で行うオンライン英会話を実施しています。いつ行っても、何度行っても、外国人講師や友達と英会話ができるのです。

平日は読み書き中心のクラスも行っています。ここでは長文を読み読解力の向上を図るとともに語彙力も養います。土曜日は小学1～6年生までのサタデークラス。一人で電車通学ができる小学3年生以上の子どもたちは、3つの対象校から通いやすい場所を選んで集まります。ここでは、英語保育園在園中と同様に「リーディング」「ライティング」「グラマー」「スピーキング」の4科目を学びます。

また、小学3～6年生までは年齢に関係なく、英語力によってクラスが5つのレベルに振り分けられます。この振り分けは、年3回実施するテストで決まります。3年生と6年生が同じクラスで学ぶこともあります（クラス分けが行われるのは関西のみ）。年齢が低くても、上のクラスになった子どもはそれを誇らしく感じ、年齢が上なのに下のクラスになった子どもは恥ずかしい気持ちになります。なかにはクラス分けのテストで降格し、泣くほど悔しがる子どももいると聞きました。

保育園のころは、英語漬けの日々を楽しみながら過ごすことが基本ですが、小学生になると、英語力のランク分けによって芽生える感情を味わうことも、子どもたちの成長には必要です。

また、中学生以降も「ジュニアハイクラス」「ハイスクールクラス」と高校卒業まで学ぶことのできるシステムも作りました。これによって、幼児期からの英語学習を途切れることなく続けることができます。

この年ごろの子どもは、ただ英語を勉強しているだけでは物足りないと感じることが予想できるため、大阪ドームでプロ野球選手の紹介を英語で行うなど、さまざまなイベントも実施しています。

さらに今後は、プログラミングやサイエンス、歌や演劇やバレエなどの習い事のようなクラスを作る準備もしています。ほかにも、視野が広がり、物事の捉え方が多様化するこの時期に、ディベートを学ばせたいなど、プランはどんどん広がります。

余談ですが、日本の多くの大学は、このようなユニークな講義を英語で展開したいと考えているようです。ところが、学生たちの英語力がそうした講義を実施するまでに至っていない、という現状があります。これもまた、日本人の英語力不足による弊害の一つといえるでしょう。

グラッドクラブの卒業は高校を卒業する18歳。大学生になった子どもたちは、希望があれば私の英語保育園でアルバイトができます。現在も何人かの卒業生が自主的にアルバイトをしてくれていますが、今後はさらに制度を整えて、海外校でも同じように職業体験ができるよう、仕組みを作っています。そうすれば、卒業生たちの英語力はますますブラッシュアップできるでしょう。なにより、短期間であっても海外で生活をした経験は、彼らの視野を大きく広げてくれるはずです。

またグラッドクラブは、学校とは異なるコミュニケーションを持てる場所。大人同様、子どもにも複数のコミュニケーションスポットが必要です。自分が属する世界がいくつもあり、そのなかで人間関係が広がっていくことは、グローバル感覚の育成に通じます。

仮に一つのグループでうまくコミュニケーションが取れなかったとしても、別の場所で居心地の良いコミュニティが作れるとなれば、自信にもつながります。私の英語保育園を卒園した子どもたちにとって、グラッドクラブがかけがえのない場所の一つになると信じています。

日本の大学の国際系学部は、英語のレベルが低過ぎる

英語が好きな子どもや英語に自信のある子どもは、大学で国際系の学部を選ぶことが多いようです。帰国子女などはその代表例ですが、実際日本では、一部を除く多くの大学の国際学部で、英語レベルが低過ぎると感じます。

私の娘と息子は、それぞれ違う大学の国際科に通っていますが、「同級生の英語が下手でびっくりする」と話しています。どの大学も、理想は1〜2年生から英語で授業をしたいと考えていますが、実際は1〜2年生で英語の基礎を学び、3〜4年生で英語による講義が実施されているようです。ほとんどの大学が、この2年のロスをクリアするために必死です。

一方、すでに1年生から英語で講義をする国際学部もあります。上智大学や慶應義塾大学などがその代表例です。娘の大学受験で、慶應義塾大学のオープンスクールに一緒に行った際、まず自己申告で「英語に自信のある人」「英語に自信のない人」に振り分けられました。「英語に自信のある」グループにいくと、90分間の通常の授業がすべて英語で展開されました。そして、教授の質問に学生たちは皆、ネイティブレベルの英語で答えます。私は「これが大学の目指す講義か」と感心しましたが、実のところ、講義の内容は私にはさっぱり分からなかったのです。講義後、そのことを娘に話すと「え？　分からなかったの？　あれ、統計学の講義よ」と半ば呆れられてしまいました。

現在は、こうした授業をできる学校が少ないため、英語のできる子どもたちは前述のような大学に集中してしまいます。そしてその大学の英語レベルがどんどん上がる一方で、他の大学はそのレベルに追いつくことができないという格差が生まれるのです。

とはいえ、今後10年先、20年先を考えれば、各大学にもっと英語力のある学生が確実に増えていくでしょう。「英語ができる子ども」を必要とする社会であるゆえ、彼らに焦点を当て、受験に有利な方策が立てられる見込みは大いに考えられます。そうした流れが進めば、現状、英語レベルの低い国際学部もいつまでもレベルが低いままとは限りません。

大学受験でさえ、「英語ができる」「できない」で差がつく時代が、すぐそこまで来ているのです。

中学生で本格的に英語の学習がスタートしたとき、自分たちの英語力に驚くはず

私の英語保育園の卒園生やグラッドクラブに通う子どもたちに、私は必ず言うことがあります。それは「あなたたちが学校で本格的に英語の授業を始めるとき、自分の英語力の高さに驚くと思う」ということ。

グラッドクラブに入らず、何年間か英語から遠ざかった子どもでも、再び本格的に英語学習が始まると「あれ？　これ知ってる」「勉強をしなくても、どうして英語の文法が分かるんだろう？」というふうに感じるのではないかと思います。これこそが、「一度ネイティブの小学2年生レベルまでの英語力が身に付けば、学習期間が空いても忘れることはない」という実感なのです。

勉強した具体的な内容を忘れたとしても「なぜだか分かる」と感じることができれば、すぐに勘を取り戻すでしょう。その感覚を大切に、慢心せず勉強を重ねれば、幼児期に英語を学んでいない子どもよりもずっと早く、より高度な英語を身に付けることができるはずです。それが英語の幼児教育を受けた子どもたちの強みです。もちろん、語学は続けたほうがより身に付きますが、一時期離れても、必ず取り戻せる学力なのです。

バイリンガルになった子たちは世界に飛び出す

現在、海外にはカナダ校とハワイ校の2拠点があります。さらに今後、オーストラリア、シンガポール、韓国、アメリカ本土などに設立計画が進んでいます。カナダ校を開設するまでの困難な道のりについては前述したとおりですが、それぞれの国によって教育制度や文化の違いがあるため、海外進出は簡単に進む計画ではないと実感しています。各国で認可が下りる・下りないの他にも、日本式・英語保育園のレベルに合う講師の召集や生徒の獲得など、世界進出には問題が山積みです。

それでも私が海外校を増やしたいのは、日本の子どもたちが、多くの国々の子どもたちと同級生になれるからです。幼いころに、同じ制服、同じテキストでさまざまな国の子どもたちが自分と同じように学んでいたら、外国で暮らしていても身近に感じ、お互いの国にも興味を持つでしょう。それは日本の子どもたちだけでなく、外国の子どもたちにも言えることです。

前述したようなシステムが整い、時差の問題も工夫をし、インターネットなどを駆使して合同授業ができるようになれば、その感覚はより強くなるに違いありません。また、今後本格的に取り組みたいと考えている各国校でのトランスファーシステムを使って、海外のスクールに自由に短期留学することができれば、さらに世界を身近に感じられるはずです。

私の英語保育園で学んだ子どもたちは、中学・高校生になると「海外留学をしたい」と言い出します。そのときの留学先に学校があれば、私たちがお世話をすることもできます。中学・高校生を一人で留学させることは、保護者にとっては不安です。女の子を持つ保護者なら、なおさら心配は募るでしょう。そんなときに、私たちが「身近な大使館」の役割を担えれば、保護者も本人も安心なはずです。

国をまたいだ同級生がたくさんできて、その関係がグラッドクラブや大学生になっても続くと、子どもたちは長期休みに、お互いの国を遊びに行ったり来たり、メールやSNSでつながったりもするはずです。

彼らが今後社会に出たとき、さまざまなシチュエーションでコミットし、コラボレーションすることがあったら。そして、彼らの力がさまざまな方面で花開いたら……。

そんなことをイメージするだけで気持ちが高まりますが、決して叶わぬ夢ではないと信じています。なぜなら日本式・英語保育園は、グローバルな人材を育てる第一歩であると自負しているからです。

10年後、20年後に英語保育園を卒業した子どもたちが、世界の第一線で自由な発想の翼を広げ、さまざまなアイデアを展開し、多くの人々に影響を与える仕事をしていたら……私たちが今教えていることが、花開く日は遠くないと実感しています。

トランスファーシステムの利点

例えば飲食店がチェーン展開する場合、店によって味が異なることは基本、許されません。私たち教育現場も同じです。「キンダーキッズ・インターナショナルスクール」という看板を掲げている以上は、どこの学校でも、質の高い同レベルの授業を提供しなければいけません。そのために、世界中どこの英語保育園も同じオリジナルのカリキュラムを使い、それぞれの学年で「○年の○月○日にはテキストの○ページを教える」という徹底したマニュアルを作りました。

これによって、学校によるレベルの差がなくなり、転校がスムーズにできるようになります。これが、私たちの考える「トランスファーシステム」です。保護者の転勤などで他の地域のスクールに転園することになっても、昨日まで使っていたテキストを持ってスクールに行けば、転園先のスクールで昨日の学習の続きができます。新しい環境で不安になることもありません。大阪で学んだ続きが、東京で学べるのです。保護者の転勤でも、里帰り出産で上の子どもが一時母親とともに帰省しても、問題なく学べる土壌が出来上がりました。

また、トランスファーシステムは海外でも活用できます。

すでに、カナダでこのシステムを使っている子どもが18人。日本ではネイティブの講師のもとで子どもたちが同じように英語力を伸ばしていきますが、カナダでは、講師のみならず、子どもたちもネイティブ。そんな環境で英語を学べば、子どもたちの英語力は確実にアップします。また、算数や楽器演奏など、カナダの子どもたちが学び慣れていない分野では、日本の子どもたちのほうが優秀です。それは子どもの自信にもなりますし、保護者の満足度も高くなるようです。

英語は将来、社会に出たとき、必ず武器になる

英語の必要性については、多くの日本人が理解していると思います。だからこそ、幼児期から英語を学ばせようと考える親が増えてきているわけですが、具体的に英語を身に付けるとどのようなメリットがあるのかについて、改めて考えてみます。

第一に、現状では大学受験が非常に有利です。文科省は今後、各大学に外国人留学生を招くべく、英語教育の強化を呼び掛けています。現在も一部の大学では、英語による授業を展開しています。英語で講義をすることで、留学生は言葉の壁を越えやすくなるからです。

当然、その講義に参加するためには日本人であっても英語力が必要になります。結果、各大学は英語のできる学生を求めているのです。英語力のある帰国子女枠を設ける大学が増えていますが、帰国子女でなくとも一定の語学力があれば大学入試に大変有利です。また、実際の受験でも英語が満点か満点に近い点数を取れれば、当然、合格は近くなります。

第二に、就職活動に有利です。外資系企業に入りたいのなら、当然のことながら英語力は必須。近年は日本企業でも英語力のある新卒社員を求めています。例えば２０１０年から社内公用語の英語化を進めているＩＴ企業の楽天では、このプロジェクトが動き出した当初「英語は単なる手段じゃないか。英語を話せるか話せないかは本質的な問題ではない」という意見も目立ったそうですが、現在では「英語なしのビジネスは考えられない」という意見が大半になっているという記事を読みました。

楽天のエンジニアのおよそ7割は外国人ということで、当然のことながら、彼らとのコミュニケーション手段は英語になります。また、年々世界中の優秀な人材を採用する傾向が強くなっているといいます。

これは楽天に限らず、グローバル企業は国籍の垣根を越えて優秀な人材を欲します。アメリカ、イギリス、カナダ、インド、ドイツ、中国……。さまざまな国の人々が集まって仕事をすることはすでに常識で、そのなかでの公用語は英語なのです。

こうした例を鑑《かんが》みても、たとえ日系企業に入社してもその企業のグローバル化が進めば、当然英語力がマストになりますし、外資系企業と合併したり、買収されたりするケースも今後ますます増えていくはずです。世界を相手に仕事をする場合はもちろん、そうでない場合も、英語力は大きな武器になります。

第三に、英語力がないと溢れる情報を正しく取捨選択することができません。情報社会と言われて久しい今日ですが、世界中の大半の情報は英語で書かれています。

英語ができなければ、日本語訳された情報だけしか得ることができないのです。日本語訳された情報は、世界中の全情報のひと握りに過ぎません。しかも、日本語訳がニュアンスまでをも含めて正しく訳されているかどうかは分からず、場合によっては誤訳されている可能性も大いにあります。

英語を理解していなければ、情報を拾っているつもりでも、実は有益な情報を拾えておらず、その事実に気づかない場合もあるのです。私は日頃から、鮮度の高い良質な情報を得るために、英語で書かれたCNNなどのニュースをチェックしています。

そして最後に、英語ができないと、世界の人々とコミュニケーションを取ることができません。例えば海外旅行に行っても、フラストレーションが溜まるでしょうし、日本に来た外国人とも深く会話ができません。せっかく外国人と触れ合うチャンスがあっても、それを活かすことができないのです。

日本に住んでいるから日本語ができればそれでいい、という論調もありますが、私は英語ができるとできないとでは、人生に大きな差が生まれると実感しています。人生の豊かさが違うのです。

英語力があるだけでこれだけ多くのメリットが生じるのであれば、英語を身に付けるべきです。ちなみに、私は自分の子どもたちに「英語ができると万が一、他の勉強ができなくても賢く見える」と言ってきました。非常に極端な意見だということは承知ですが、一方でこの意見が、私だけの偏見ではないということも確信しています。

教育は投資したら投資しただけきちんとリターンがある

18年間、インターナショナルスクールを運営してきて、教育の素晴らしさに気づきました。自分の子どもたちに対しても、お預かりしている子どもたちに対しても、教育は投資したら投資した分だけ、確実にリターンがあります。

例えば、ビジネスはその規模が大きくなればなるほど、投資金額も膨らみリスクも大きくなります。投資をしたのにリターンがない、ということも少なくありません。

一方、教育は手をかけてあげた分、必ず、間違いなくリターンがあります。人によってリターンのパーセンテージは異なりますが、成果が得られないということは絶対にないと断言できます。

インターナショナルスクールは、一般の保育園や幼稚園に比べて月謝は高いのですが、そこには必ずリターンがあります。スクールだけでなく、小さいころから絵本を読み聞かせていたことも、スポーツを習わせていたことも、早期教育で算数や文字を教えていたことも、挨拶や言葉遣いなどのしつけも、教育してきたことには必ずリターンがあるのです。

教育ほどいい投資は、ほかにはありません。

時々「教育についてはいろいろなことをしたけれど、何一つ（子どもの）身になっていない」と嘆く親御さんがいますが、それはやり方を間違えただけ。年代にそぐわない教育をしたり、子どもの興味を引かずに暗記ばかりをさせていたりといった、意味のない投資をしている人が言う台詞です。リターンがなければ、それは親の問題です。

ビジネスでも、夜も眠らず真面目に働いて必死にやっているのに、会社をつぶしてしまう人がいます。そういう人は、集中するポイントを間違え無駄なことばかりをし、肝心なことをやっていない場合が多いのではないでしょうか。

子どもの性格と教える方法を間違えさえしなければ、教育ほど公平にリターンを返してくれるものはありません。

グローバル人材とは異文化を受け入れる包容力があること

最近、「グローバルな人材とはどのような人だと思いますか?」という質問をよく受けます。その答えを探して思い出したのが、夫のカナダ人の友人です。

彼が日本に旅行に来て、我が家に遊びに来てくれたとき、運悪く法事の日に当たってしまいました。一人で待っていてもらうのも申し訳なく、「親戚の家に一緒に行く?」と聞くと、なんの迷いもなく「行く」と言います。とはいえ、向かうのは田舎の古い日本家屋。椅子やテーブルもなく、あるのは畳に座布団に背の低い座卓です。出てくる食事も田舎の家庭料理ですし、集まる親戚もすべて日本人。誘ってはみたものの、時間を持て余してしまうのではないかと少々心配でした。

ところが、彼は戸惑うことなく同席して、みんなに和やかに挨拶をし、当たり前のように畳に座りニコニコしています。出された食事も一つひとつが興味深いようで、次々と上手に箸を使って味わっていました。私は、仕事はもちろん、プライベートでも外国人の知り合いが多いのですが、頑《かたく》なに日本食を食べない人が少なくないなかで、彼の自然な振る舞いには驚かされました。

そして、さらに皆を驚愕させたのは、彼が白いご飯の上にたっぷりと佃煮をのせておいしそうに食べたことです。私は思わず「大丈夫？」と聞きました。すると、彼は「日本の友人に佃煮をご飯にのせて食べるとおいしいと教えてもらったんだ」と笑いました。

これこそが、「グローバルな人」なのではないでしょうか。

食は、国の違いが最も顕著に現れる文化です。日本人はさまざまな国の料理を日常的に食べていますが、世界を見ると、自国の料理しか食べないという民族は少なくありません。自国の料理以外を受け入れない、あるいは受け入れる必要はないと考える人は、自分が馴染んだ文化以外、受け入れる気持ちのない人です。それではいくら語学に長けていたとしても、グローバルな人間とは言えないと思うのです。

私が思う「グローバル人材」とは、異国の文化や習慣を受け入れようという意志がある人。〝受け入れ力〟のある人です。そして、その気持ちを迷わず行動に移せる人。

例えば、外国人が日本にやって来て、日本食をおいしそうにたいらげてくれたらとても嬉しいですし、日本の文化、歌舞伎や相撲を「素晴らしい！」と言ってくれたら、私たちは誇らしく感じます。それこそが、相手の懐に飛び込んでいくこと、相手をリスペクトし、協調しようと考える行動です。くだんの彼の振る舞いは、まさにグローバルそのものでした。

私が育てたいのは、彼のような人材です。偏見なく、さまざまな文化を受け入れる包容力のある人間を私は育てたいと考えています。

余談ですが、時々「英語なんて勉強する必要がない。だって〝Ｓｉｒｉ〟があるから」という人がいます。ご存知のように〝Ｓｉｒｉ〟はやりたいことをなんでも助けてくれるＡＩアシスタント。多くのことを処理してくれる〝Ｓｉｒｉ〟に分からない英文も訳してもらえばいい、困ったときは日本語を英訳してもらえばいい、というわけです。

確かにＡＩは、瞬時に翻訳をこなしてくれるでしょう。それで英語が通じる、コミュニケーションができると考える人もいるかもしれません。しかしそれは、本当の意味でのコミュニケーションなのでしょうか。

真のグローバルな人々は、前述したとおり、文化や習慣を受け入れようと考えている人です。そして英語は、それを実践するためのツールです。文化や習慣を受け入れていくなかで、それぞれの国の人々のアイデンティティーを知ることになるでしょう。それも理解したうえでのコミュニケーションを〝Siri〟はできるでしょうか?

答えは言うまでもありません。

日本人の心を持ちつつ、伝えたいことを英語でも言える、それが真のバイリンガル

私が「自分の子どもたちをバイリンガルに育てたい」とインターナショナルスクールを開校したことは前述したとおりですが、私が思う「バイリンガルとはなにか」について改めて考えてみたいと思います。

若いころ、バイリンガルに憧れていたときには、ただ日本語と同じように英語を話

せることが「かっこいい」と感じていました。子どもに対してもその気持ちの延長で、バイリンガルに育てたいと考えていたことは否めません。

しかし、英語保育園を運営するうちに、真のバイリンガルとは、「日本人の心を持ちつつ、自分が伝えたいことを日本語と同じように英語で伝えることができる人」だと考えるようになりました。

単に「日本語」と「英語」を流暢に話せるだけではなく、自らが日本人であることを忘れずに、日本語も英語も使える人です。さらには、自分が伝えたいことを日本語と同じように英語で言える人です。言葉には必ずニュアンスがあり、行間があります。英語のニュアンスを正しく日本語にできる、日本語の行間を正確に英語にできる、それが私の考えるバイリンガルです。

そのレベルまで語学を熟知し、使いこなすことは並大抵のことではありません。しかし、幼いころから、日本語と同じように英語に馴染んでいれば、そのハードルを越えることはできると確信しています。

そして、バイリンガルであるために大切なことは、日本人の精神を身に付けること。

国際人である前にまずは日本人たれ！　その根底があって初めて、真のバイリンガルは生まれるのです。

娘たちにはお金で買えないプレゼントができた――M／Hさん（保護者）

私自身、大学時代にオーストラリアに1年間留学をしたことがあるのですが、現地の保育園でボランティアをした際、英語が全く通じずに大変苦労しました。そのため娘には〝生きた英語〟を身に付けさせたいと、4歳からキンダーキッズに通わせました。娘は卒園後、私立の小学校に入学し、卒業後は中高一貫教育の私立校に通い、現在は高校2年生です。

在園時は、年々、英語で表現できることが増え、英語力がどんどんアップしていることが、各行事やクリスマスコンサートで分かりました。子どもが無理なく、毎日楽しみながら自然と英語に触れられる環境が功を奏したのだと思います。

卒園後は人前で英語を話すことに抵抗を感じていたようですが、中学生になってからは毎年、海外留学をしました。とはいえ、その時は無理やり留学させられている感じもあったようです。高校生になると、少し大人になったのかもしれません。留学も

楽しんでいるようで、自然と身に付いた英語力で世界各国の友達と勉強したり、遊びに行ったり、さまざまな体験をするなかで、英語を使える素晴らしさを感じてくれているようです。日本の学校の学力テストでは、英語は常にトップクラスです。

最近になって、娘が「キンダーキッズに通わせてくれて、ありがとう」と言ってくれ、私たち両親としては、お金では買えない最大のプレゼントをあげられたと実感しています。将来、彼女が日本だけに縛られず、世界で人の役に立つような人間になってほしいと思っています。

英語はもちろん、娘に無限の選択肢を与えてくれたキンダーキッズの教育は、彼女のこれからの人生の最大の武器になると確信しています。また、もう一人の娘（妹）もキンダーキッズの卒園生であり、娘二人の今後の人生が本当に楽しみです。

将来は英語力を生かして活躍したい――N／Hさん（17歳娘）

キンダーキッズを卒業して、もう10年になりますが、いちばん覚えているのは、「SHOW&TELL」。みんなの真ん中に座って、家から持ってきたお気に入りのものを英語で説明する授業です。この授業の前日には、自宅で小さな椅子を用意して、お母さんとお父さんと妹の真ん中に座って、予行練習をしたことを今でもよく覚えています。

ほかにも節分には、鬼の仮面をつけた先生に豆を投げたり、ハロウィンには友達も先生も仮装をして、「Trick or Treat!!」と先生に言ってお菓子を集めたり、クリスマスコンサートのためにクラスごとに英語劇の練習をしたことも忘れられません。スポーツデーもとても印象的です。なぜなら、私は両親と離れるのが嫌で、終始泣いていたからです（笑）。

卒園後、小学校では自分からネイティブの英語の先生に話しかけに行くことができたり、中学・高校では「英語のことならNに聞いたら一発だよ！」「この単語の発音ってなに？」と友達に聞かれたりしています。小さい頃からネイティブの先生に囲まれて、英語だけの環境で育ったことで、英語がとても身近になりました。

アメリカやカナダに留学や旅行をした際も、現地の人の英語のスピードについていくことができました。また、カナダに留学したときは、キンダーキッズのカナダ校でボランティアをさせてもらいました。小さい子どもが大好きだったので楽しかったのですが、私の英語で園児たちが理解してくれるかなぁと不安でした。でも、先生方が助けてくださって、とてもやりがいのある体験ができました。

これからも英語の勉強を頑張って、英語が必要とされる職業に就きたいと思っています。また、母のようにいろいろな人と携わり、多くの人々を助けられるような仕事にも憧れています。

夢に向かっていつもRisk-takerであって欲しい——
Peter Rabbit（保護者）

娘には幼少期からさまざまな文化に触れることで、より世界を身近に感じ、母国語（日本語）以外にも大切なコミュニケーションツールが存在するということに早くから気づいてほしいと思っていました。さらにキンダーキッズの英語を楽しく学べる環境に魅力を感じ、娘が1歳7カ月の時、入園させました。

英語教育はもちろん、年間を通してたくさんのイベントがあり、なかでもクリスマスコンサートは親子共々一丸となり、素晴らしい作品を作ることができました。先生方の指導のもと、子どもたちが立派に英語で劇をする姿には大変感動しました。また、四季折々のイベントでの子どもたちの可愛い衣裳も印象的です。

娘は現在、プロのテニスプレイヤーを目指していますが、英語に関してはスピーキング、リスニング共によりネイティブに近づいていると感じます。どんな世界も同じだと思いますが、スポーツでも世界を目指すなら英語は必須。英語を話せることは、娘の夢に向かう大きな武器になっていると実感します。

娘に望むのは「いつもＲｉｓｋ－ｔａｋｅｒであって欲しい」ということ。テニスに限らず、何事に対しても、常に志を高く持ち、失敗を恐れず最後まであきらめずに取り組んで欲しいと思います。たとえ失敗することがあっても、得るものは大きいことを信じて欲しいです。

21世紀を担う子どもたちには「創造性」「コミュニケーション能力」がより必要になると思いますし、英語は必ず武器になるはずです。

左：2018年、IMG Academy 大会出場権獲得
右：2018年、IMG Academy Discovery Open Under 12 Girls 優勝

世界中の人々に愛されるテニスプレイヤーになりたい――A／A（12歳娘）

私が通う小学校では、1年生から全教科の60％が英語で行われていますが、キンダーキッズで英語を学んできたことで問題なく授業に取り組めています。英検は5年生で2級を取得。学校には、帰国子女や外国の友達もいて、良い環境のもと英語に触れることができています。

キンダーキッズ時代は、たくさんのイベントがとても楽しかったです。夏のプール遊びは思い出深く、クリスマスコンサートではみんなで力を合わせて上手に演技が出来て、サンタさんにプレゼントをもらえたときは、とても嬉しかったです。

現在私は、クラブチームでも学校でもテニスをしています。この春、念願だったIMGAcademy（世界規模のスポーツスクール・出身者に錦織圭選手やマリア・シャラポワ選手など）の大会の出場権を取得し、「DISCOVERY OPEN」で優勝できました。

また、全国選抜ではベスト16に。目標にしていた全日本ジュニアでは、シングルスでベスト32、ダブルスでベスト8を獲得。そんな活動のなか、アメリカの大会へ参加した際は、英語が理解でき、話すこともできるので、たいへん役に立ちました。学校もテニス部創部以来、初めて全国大会（団体戦）に出場することができ、とても充実したシーズンになりました。

このままテニスを頑張って、将来は、世界中の人々に愛されるテニスプレイヤーになりたいと思っています。

おわりに　母として子に告げる想い

卒園の日を迎えてくださって、本当にありがとうございました。

今日までさまざまな迷いがおありになったであろうこと、私は理解しています。普通の幼稚園に比べると月謝も高い、外国人講師はいるけれど本当に子どもたちに英語が身に付くのかは不明、小学校に上がって子どもたちが日本の教育に馴染むのかも心配……。迷いはいろいろあったと思います。それでも、大切なお子さまを最後までキンダーキッズに通わせ続けてくださったこと、心から感謝しております。

私の夢は、お子さまが大きくなったとき「私の今の英語力があるのはお父さん、お母さんがキンダーキッズに入れてくれたからです。英語ができてどれだけ私の世界が広がったか、本当にありがとう」と保護者の皆さんに伝えてくれること。お子さまの人生が豊かになることです。

つたない私を信じてお子さまを預けてくださった皆様に恩返しをするために、キンダーキッズをもっともっと立派なインターナショナルスクールに成長させていきます。

ご卒業、おめでとうございます。

これは、私が最初の卒園式で保護者のみなさんに伝えた言葉です。

一期生として入学してくれた子どもは10数名。「保育面での不安」「園庭の狭さ」「日本の文化を忘れてしまう」……。さまざまな不安から、途中で退園した方々もいて、第一期の卒園生は5名でした。

什器も整っていない倉庫のようなスクール、試行錯誤を繰り返しながらの学習のなかで卒園まで通わせてくださった保護者の皆さまの気持ちや私への信頼感、それをいつまでも忘れてはいけない、大事にしなければいけない……。英語保育園を卒業したことが誇りになるよう、ここから先もブレることなく、「日本人のためのインターナショナルスクール」を育み続けることが私の使命だと、新たに誓った日でした。

思えば当時は、保護者の方々もともに保育園を育ててくれていたと感じます。

どこかにインターが開校すればその評判を教えてくれる、私の英語保育園に欠点があれば遠慮なく指摘してくれる、子どもたちの英語力の変化を逐一報告してくれるなど、私にとってはお母様方が大切なオンブズマンでした。と書くと聞こえはいいですが、厳しいことを言われて落ち込んだこともありましたし、アドバイスを理不尽な指摘に感じてケンカのようになってしまったこともありました。

「自分の子どもをバイリンガルにしたい」と作った英語保育園でしたが、今日の礎を作ってくださったのは、初期の保護者の皆様だったと、しみじみ感じています。思えば当時の私は、起業家としても新米中の新米。通わせてくださっているお母様方とはママ友のような感覚もあったのかもしれません。

最初の卒業式から15年が過ぎました。

現在、在校生は3000名、卒園児も3000名を超え、キャンセル待ちの子どもたちもカナダ・ハワイの海外校を含めて大勢になりました。

第一期生の子どもたちは20歳になり、皆、バイリンガルに育っています。

最後になりましたが、「キンダーキッズ」を開校してからの私自身を振り返ると、「仕事」と「家庭」と「育児」で目まぐるしく日々が過ぎていきました。

3人目の子どもは、開校してから授かりました。正直、「こんな状態で産んだら大変かな」と思う気持ちもありましたが、「仕事のため」に子どもを諦めるのは、なにか間違っていると感じました。夫の協力も得て、仕事をしながら3人の子どもを育てたことは、私の自信にもつながりました。いつもバタバタと忙しい私を温かく見守り、いちばんのアドバイザーになってくれた夫には感謝の気持ちでいっぱいです。彼なしでは、今日の私はいないと確信できます。

そんな私でしたから、子どもたちがまだ小さいころ、実家の母に「自分の子どものために作ったはずのインターなのに、実際はほったらかし」「自分の子どもより、よその子どものほうが大事なの！」「なんのために起業したの？」などと諭されたこともありました。

実際、娘が小学生のとき、担任の先生にはほとんどお会いしたことがありません。授業参観、個人面談、音楽会に運動会、すべて夫や親任せで、学校行事には一度も参加したことがありませんでした。

母は、私が起業する際に「資金は援助できないけれど、やりたいなら、やりなさい」

と背中を押してくれた人。考えてみると、小さいころから、やりたいことを反対されたことはありませんでした。

そんな母に育てられたからこそ、今の超がつくほど前向きな私の性格があるのだと思います。最大の理解者の母に言われたそれらの言葉は、私の胸に突き刺さりました。母として何一つ満足に子どもと向かい合ってあげられていない自分が情けなく、不甲斐なく、悩んだこともありました。

子どもたちには多くの我慢をさせてしまったと、今でも後悔するばかりです。料理やお弁当は欠かさず作っていたとはいえ、学校行事に参加しない母親を子どもたちはどう感じていたのか、そう思うと、言葉もありません。

それでも、私は前に進むしかありませんでした。年々増える在園児とスクール新設のプロジェクト、進化するカリキュラムに増えていく講師の統制……。犠牲を払ってでも、教育に関わった以上は、動き始めた船の錨《いかり》を下ろす選択肢はなかったのです。

そして、日本人のためのインターナショナルスクール「キンダーキッズ」は、日々成長を続け、今第二ステージに入りました。この成長の裏には、真摯《しんし》に仕事に取り組む優秀な講師たちの存在があります。彼らの仕事に対する熱意が、どんなときも私を支えてくれています。

今後も日本はもちろん、さまざまな国で開校し、世界中に〝キンダーキッズ・ファミリー〟を作っていくことが私の夢です。

キンダーキッズが世界各国にあったなら、留学先でも、海外の就職先でも、そこを拠点に卒園生たちが活動することができます。「困ったことがあったらキンダーキッズの門を叩けばいい」のです。そんなふうにネットワークが広がれば、卒園生たちの絆はより一層深まり、愛校心も強まるでしょう。

実際、海外のスクールで知り合った二人がキンダーキッズ出身者だった、という素敵な話も私の耳に届いています。そうした例は今後ますます増えて、留学先の高校・大学や就職先でも、その輪は広がっていくに違いありません。

そして、いつの日か世界を変えるビッグプロジェクトや現在の常識をいい方向に変革する取り組みの中心に卒園生たちがいることを信じて疑いません。その姿は、そう遠くない将来に見られるであろうと、私は心待ちにしています。

豊かさにあぐらをかき、閉塞感に包まれた日本を変えてくれるのは、本当の意味でのグローバリズムを身に付けた子どもたち。そうした子どもたちの成長の一刻を担っている責任と誇りを忘れずに……。私の夢はまだまだ続きます。

中山貴美子

2018年10月吉日

中山貴美子（なかやま・きみこ）

株式会社キンダーキッズ代表取締役。1968年兵庫県生まれ。大学卒業後、カナダ留学の経験を活かして英会話スクールにおいて営業・運営を担当。その後、結婚・出産を経て、自身の子どもに英語を学ばせたいという想いをきっかけに、2000年に英語保育園（プリスクール）「株式会社キンダーキッズ」を設立。日本人としてのアイデンティティーをしっかり意識しながら、国際的な広い視野と高い英語力を持ち合わせた子どもの育成を目標に、学年別少人数制の幅広い保育を行う。現在、日本国内に21校、カナダに1校、2018年11月にハワイ校がオープン予定など急成長を遂げている。

奇跡《きせき》の英語《えいご》保育園《ほいくえん》

2018年10月4日　第1刷発行

著　者　　中山貴美子
発行人　　久保田貴幸

発行元　　株式会社　幻冬舎メディアコンサルティング
〒151-0051　東京都渋谷区千駄ヶ谷4-9-7
電話　03-5411-6440（編集）

発売元　　株式会社　幻冬舎
〒151-0051　東京都渋谷区千駄ヶ谷4-9-7
電話　03-5411-6222（営業）

印刷・製本　瞬報社写真印刷株式会社
装丁　　上田加奈子
イラスト　藤本有美子

検印廃止

ISBN 978-4-344-91952-5　C0037
幻冬舎メディアコンサルティングHP
http://www.gentosha-mc.com/